Das Tal des Todes

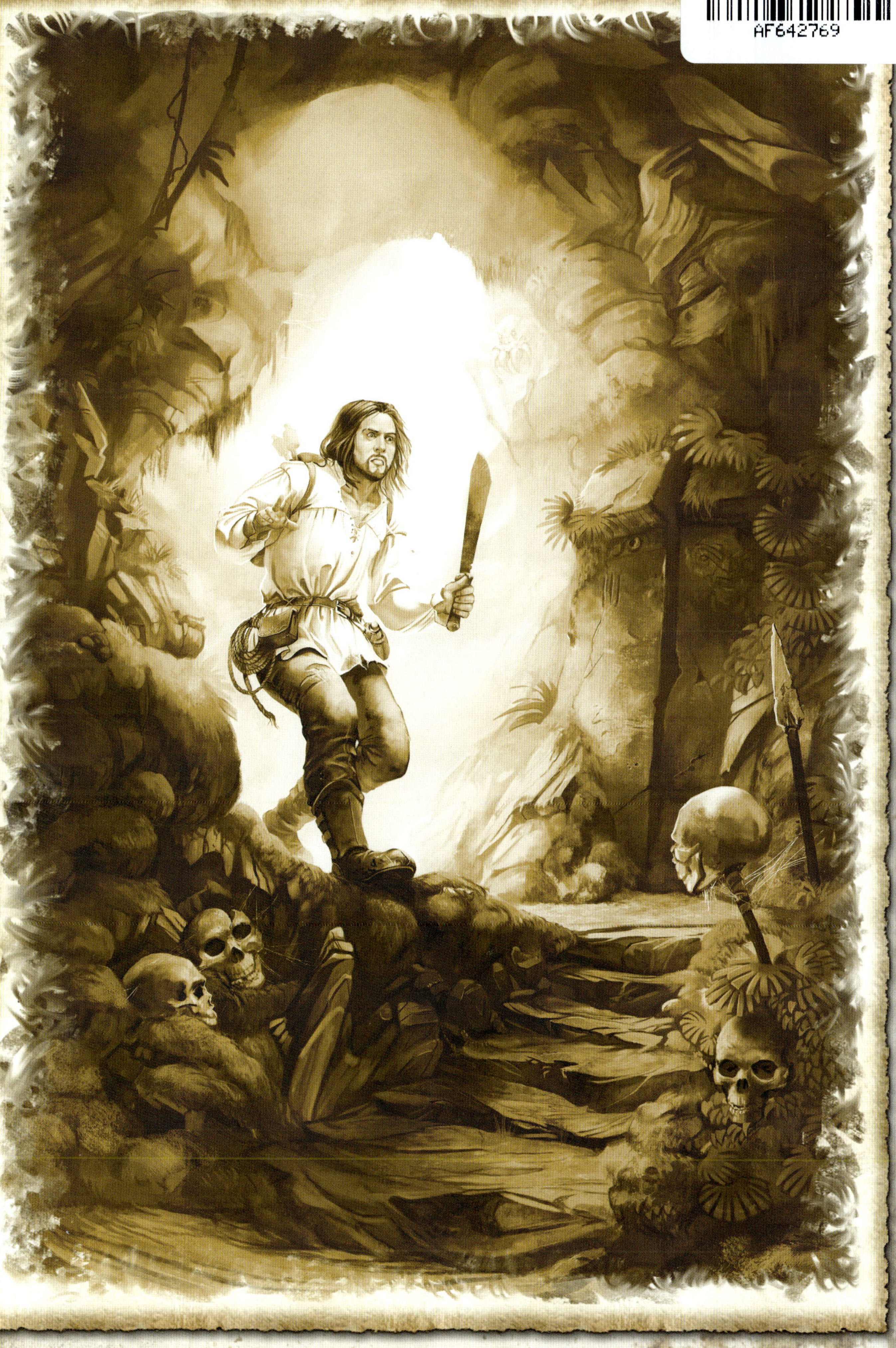

IMPRESSUM

Verlagsleitung
Thomas Michalski

Redaktionsleitung Das Schwarze Auge
Nikolai Hoch

Redaktion
Eevie Demirtel, Johannes Kaub, Marie Mönkemeyer, Daniel Simon Richter, Alex Spohr

Regelredaktion
Alex Spohr

Autor:innen
Daniel Heßler
mit Beiträgen von Zoe Adamietz

Lektorat & Korrektorat
Frauke Forster, Sarah Maier, Kristina Pflugmacher

Künstlerische Leitung
Nadine Schäkel

Coverbild
Julia Metzger

Satz, Layout & Gestaltung
Jörn Aust

Layoutdesign
Thomas Michalski, Nadine Schäkel, Patrick Soeder

Innenillustrationen & Pläne
Steffen Brand, Sandra Braun, Florian Häckh, Annika Maar, Julia Metzger, Nadine Schäkel, Holger Schulz, Florian Stitz, Sebastian Watzlawek, Fabrice Weiß, Maurice Wrede, Malte Zirbel

Ulisses Spiele
Zoe Adamietz, Jörn Aust, Philipp Baas, Mirko Bader, Tania Bogomazova, Steffen Brand, Bill Bridges, Martin Brunninger, J-M DeFoggi, Trisha DeFoggi, Carlos Diaz, Nico Dreßen, Christian Elsässer, Cora Elsässer, Frauke Forster, Vanessa Heilmaier, Nils Herzmann, Nikolai Hoch, David Hofmann, Curtis Howard, Jan Hulverscheidt, Nadine Indlekofer, Philipp Jerulank, Johannes Kaub, Nele Klumpe, Christian Lonsing, Matthias Lück, Thomas Michalski, Carolina Möbis, Vincent Modler, Carsten Moos, Johanna Moos, Sven Paff, Stefanie Peuser, Felix Pietsch, Markus Plötz, Marlies Plötz, Elisabeth Raasch, Nadine Schäkel, Maik Schmidt, Ulrich-Alexander Schmidt, Alex Spohr, Stefan Tannert, Hannah van den Höövel, Jan Wagner, Katharina Wagner, W. Gwynn Wettach, Carina Wittrin

Aventurien ist ein Kontinent der Vielfalt, in dem sowohl Männer, Frauen als auch alle anderen Geschlechter Teil des Alltags sind. Damit unsere Texte flüssig zu lesen sind, schreiben wir in der Regel im generischen Maskulinum und verwenden durchgehend die Wörter „Meisterin" für die Spielleitung und „Spieler", „Helden", „Abenteurer" u. ä. für die Spielerschaft. Mit allen Begriffen sind immer alle Geschlechter gemeint. In Fällen, in denen das Geschlecht entscheidend ist, wird dies im Text gesondert ausformuliert.

Printed in EU 2023.

Mit Dank an Eevie, André, Florian, George und Steven

Vielen Dank an alle Mitgestalter:innen von Aventurien.

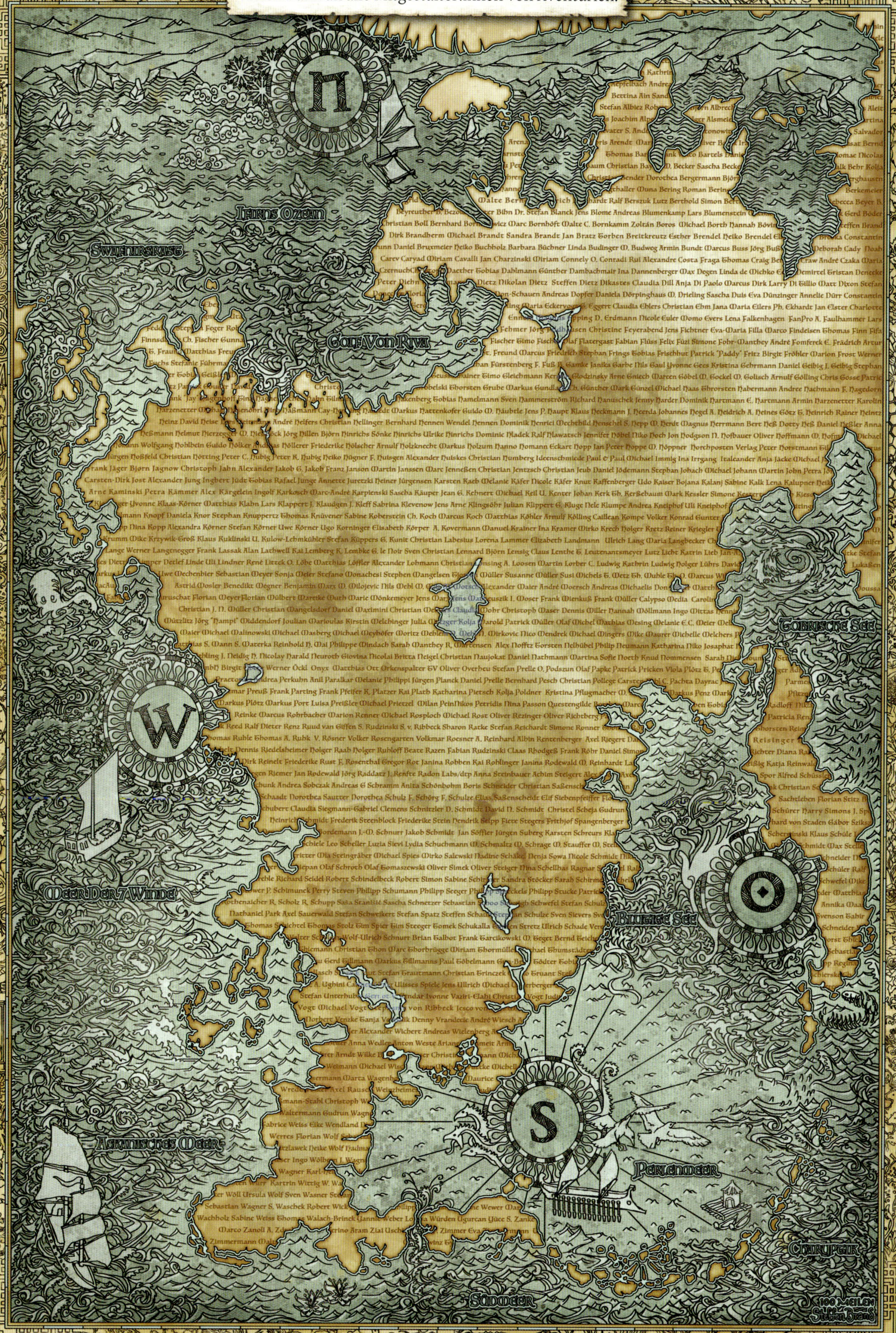

Inhaltsverzeichnis

Wenn du eine bestimmte Szene für die Helden leichter machen möchtest, dann kannst du die Vorschläge dieses Abschnitts übernehmen.

Wenn du eine bestimmte Szene für die Helden schwerer machen möchtest, dann kannst du die Vorschläge dieses Abschnitts übernehmen.

Personen mit diesem Symbol sind vor Beginn des Abenteuer bereits tot.

- *Meisterinformationen:* Die Angaben im Abenteuer sind Meisterinformationen, die den Helden nicht sofort zugänglich sind oder sogar ausschließlich als Hintergrundinformationen für die Spielleiterin gedacht sind.
- *NSC-Wertekästen:* Die angegeben Werte bei Meisterpersonen beinhalten alle spielrelevanten Informationen, sind aber dennoch nicht unbedingt vollständig. Insbesondere bei NSCs mit einer großen Anzahl verschiedener Fertigkeiten, also vor allem bei Zauberern und Geweihten, werden auch Fertigkeitswerte, die von 0 abweichen, nicht immer vollständig angegeben, wenn sie für das Spiel irrelevant sind.
- *Vorlesetexte:* Diese Texte kannst du deinen Spielern am Tisch vorlesen. Sie enthalten keine Meisterinformationen.
- *Erweiterungsregeln:* Wenn ihr mit Erweiterungsregeln spielt, findest du an einigen Stellen Seitenverweise auf Bücher, damit du einfacher nachschlagen kannst. Dabei ist das Bandkürzel nach dem Regelelement hochgestellt, wie z. B. bei den Regeln zu Frevlern[AGÖ071].

AGÖ – Aventurisches Götterwirken

In diesen Kästen findest du wichtige Hinweise zum Spiel!

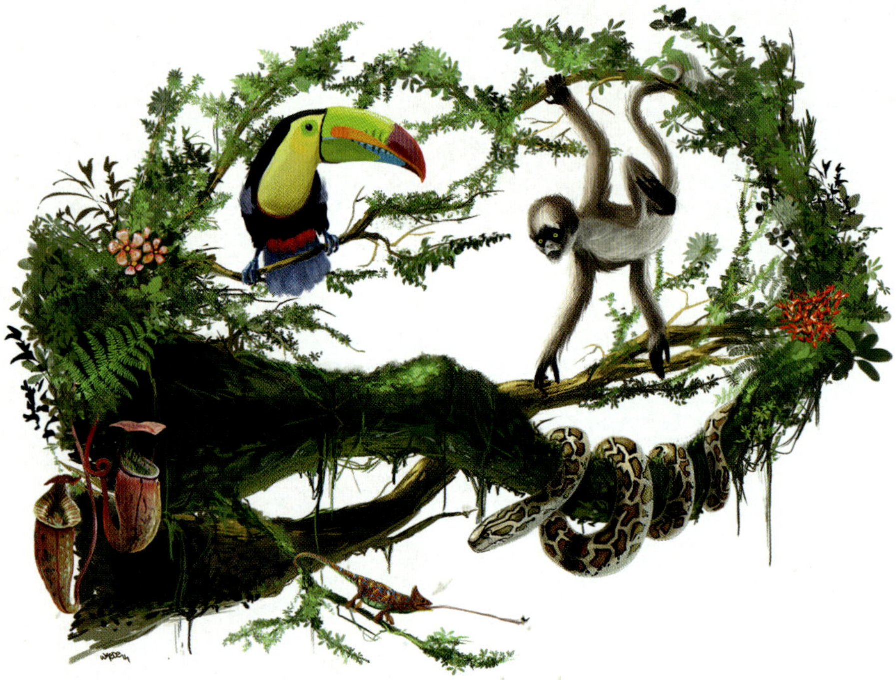

EINLEITUNG

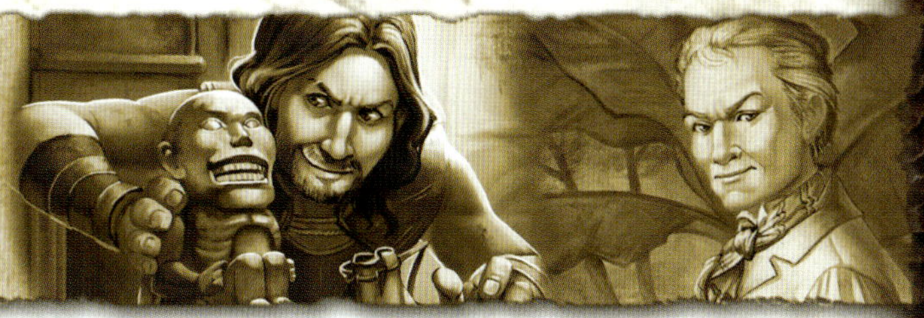

»Jedem tut irgendetwas leid!«
—Schankwirtin Marianna Rabenholz zu Meridiana Josch vor ihrer brennenden Kaschemme

Der Meisterin zum Geleit

Willkommen in der Grünen Hölle des Tiefen Südens! Vor dir liegt ein Abenteuer für die 5. Edition von **Das Schwarze Auge**, das deine Spieler durch die dampfenden Wälder und schroffen Gebirge des aventurischen Südens führt. Es geht ums nackte Überleben: einerseits auf Dschungelpfaden, durch die, gesäumt von giftigen Pflanzen, die ewige Fäulnis kriecht, wo wilde Tiere nach Beute gieren, und wo jeder Lufthauch die Erreger des Brabaker Schweißes mit sich trägt; andererseits in der Finsternis fallengespickter Tempelgänge, in denen eine Kerze der wertvollste aller Schätze sein kann, und wo Untote ein jahrhundertealtes Schamanengeheimnis hüten, das die Helden ihre Seelen kosten kann.

Das Tal des Todes legt großen Wert auf die Fertigkeiten und die Ausrüstung der Helden. Beides wird ihnen helfen, den derischen wie auch den mystischen Gefahren zu begegnen – und zwar in größerem Maße, als dies beim **Schwarzen Auge** oft der Fall ist. So lotet das Abenteuer an vielen Stellen die Mechanik der offenen Talentproben aus, deren Ergebnisse direkte Auswirkungen auf den Verlauf der Kämpfe, wie auch des gesamten Abenteuers haben. Für andere Ereignisse werden ebenfalls Regelmechanismen angeboten, die die Spannung für deine Spieler erhöhen und ihren Helden weitere Handlungsmöglichkeiten eröffnen sollen. Es ist die Stunde der Waldläufer, der Gelehrten und insbesondere der Handwerker deiner Runde.

Ich wünsche euch viel Spaß und drücke die Daumen für Ingerimms und Phexens Gunst.
Daniel Heßler

> Das vorliegende Abenteuer zitiert Personen und Situationen aus Hollywood-Filmen, die wesentlich zum Universum von **Das Schwarze Auge** beigetragen haben. Sollten dir, liebe Meisterin, diese Zitate nicht zusagen, dürften kleine Anpassungen (wie Namensänderungen oder das Ersetzen eines bestimmten Sandsäckchens) dem puristischen Gewissen Genüge tun.

Verlauf des Abenteuers

In Port Corrad werden die Helden von Professor *Marek Brodinger* angeworben, ihn auf einer archäologischen Expedition in den Dschungel zu begleiten. Dort soll ein geheimnisvoller Tempel genauer erforscht werden, den Marek vor knapp anderthalb Jahrzehnten entdeckte.

Die Kreaturen und Krankheiten des Dschungels setzen sowohl den Helden als auch den eskortierenden Chirakah heftig zu, sodass es bald notwendig wird, Hilfe zu suchen. Brodinger kennt das Dorf der Sippe der Wapa-Tonsha aus dem Stamm der Anoiha, das auf dem Weg liegt. Doch es erfordert große Hartnäckigkeit, dem sturen Professor den genauen Standort zu entlocken und ihn zu einem Besuch zu bewegen.

Zu ihrer Überraschung werden die Helden von der Anoiha-Schamanin *Tiki-Ta* und ihrer Sippe außerordentlich freundlich aufgenommen. Schon bald vereinnahmt sie die Dorfgemeinschaft und findet immer neue Gründe, die Weiterreise zu verzögern.

Die Helden haben die Chance, Mareks Vergangenheit auf die Spur zu kommen und ihn von einem schrecklichen Zwang zu befreien. Andernfalls zeigt dieser seine Wirkung: Marek setzt die Reise zum Tempel fort und gelangt an den Rand einer tiefen, mit Treibsand gefüllten Schlucht – die Tabuzone, von der die Wapa-Tonsha alle Eindringlinge fernhalten wollen.

Marek stürzt sich in die Schlucht und hinterlässt den Helden das *Idol des Kaujok-Limi*, zusammen mit der Bitte, die Aufgabe zu vollenden, an der er gescheitert ist: Das Idol zurück in den Tempel zu bringen, aus dem er es einst stahl, und durch Instandsetzung aller dortigen Fallen einen neuen Diebstahl zu verhindern.

Die Helden erfahren schnell, warum sie der Bitte nachkommen sollten, denn nach Mareks Tod erheben sich zahllose Tschumbies und Skelette, die das Dorf zu überrennen drohen und danach sicher nicht Halt machen werden. Im Tempel gefährdet neben zahlreichen Fallen und weiteren Untoten auch ein echtes Yaq-Hai das Leben der Helden, das von Mareks totem Körper Besitz ergriffen hat. Das Idol verschließt das magische Gefäß, in das der mächtige Dämon vor Jahrhunderten gebannt wurde, und welches Marek bei seinem Diebstahl vor dreizehn Jahren versehentlich geöffnet hatte.

Zur Wahl der Helden

Der Schwerpunkt des Abenteuers liegt auf den Themenkomplexen Wildnis (Pflanzen, Tiere, Orientierung), Gifte / Krankheiten sowie Götterwirken (Liturgie, Bekehren & Überzeugen, dämonische Macht und Untote). Dementsprechend richtet es sich an wildniskundige und kampfstarke Helden. Heiler sind von besonderem Nutzen, ebenso Mechaniker, und zwar besonders solche, die sich auf Fallen verstehen. Für Geweihte bieten sich viele Situationen zur Auseinandersetzung mit dem animistischen Weltbild der Waldmenschen, doch auch sie sollten sich gegen Würgeschlangen und Tschumbies behaupten können. Verhandlungen, Tricksereien und magische Analysen sind zwar möglich, bilden aber keinen Schwerpunkt.

Was bisher geschah

Als Verbindung von verfluchtem Ort und magischem Gefäß in einem bildet der Tempel das Zentrum des Abenteuers. Er und die angrenzende Schlucht sahen schon zahlreiche Kulturschaffende kommen und gehen.

Die Echsen und die Wudu

Vor vielen Jahrhunderten entdeckten die Achaz im Regengebirge eine Schlucht, die von der Zauberkraft des Erzdämons Agrimoth (den sie Ch'Agarozz nannten) durchdrungen war. An der Stelle, wo der Treibsand am Boden der Schlucht aus unterirdischen Kavernen hervorquoll, weihten sie ihm einen Tempel. Bis heute hält der Mörtel, den die Echsen aus dem Schluchtensand mischten, und im Allerheiligsten des Tempels befindet sich noch immer ein Loch, das gähnend in ihren Abgrund weist.

Noch immer wirkt diese Macht. Wer am Rand der Schlucht einen Wunsch ausspricht, wird ihn durch dämonisches Wirken erfüllt bekommen. Dreizehn Jahre lang kann er die Geschenke Agrimoths genießen, doch dann muss er zurückkehren und sein Leben wie seine Seele opfern, indem er sich in die Schlucht stürzt.

Während der Dunklen Zeiten bemächtigten sich die Waldmenschenstämme der Wudu des Tempels und machten ihn zur Nekropole. Sie führten finstere nekromantische Rituale durch, die bis heute in dem Gemäuer nachhallen. So bestückten sie den Tempel mit vielerlei Gräbern und banden ein Yaq-Hai in den Tempel, das jeden unbefugten Eindringling zu Tode hetzen sollte.

Die Wudu verschwanden und mit ihnen ging das Wissen um den Tempel verloren. Magische Sicherungen wurden nicht erneuert und bald prallten hier die Machtbereiche zweier finsterer Entitäten aufeinander, was bis heute chaotische Effekte erzeugt.

Jutu-Jindi und die Wapa-Tonsha

Einige Jahrhunderte später betraten unbedarfte Waldmenschen vom Stamm der Anoiha den Tempel. Besonders weit kamen sie nicht, denn das Yaq-Hai stürzte sich sofort auf sie. Mehrere Generationen des Stammes bekämpften es unermüdlich, bis vor etwa zweihundert Jahren der weitgereiste Schamane* ☙*Jutu-Jindi* den Dämon in ein goldenes Idol bannen konnte. Wie genau er dazu die magischen Wechselwirkungen des Tempels nutzte, lässt sich heute nicht mehr nachvollziehen. Sicher ist nur, dass dieses Ritual den Schamanen magisch ausbrannte, doch mit der Bannung des Yaq-Hai wurde dem Auftreten von Untoten in dieser Gegend ein Ende gemacht.

Den *Tayas* (mündlichen Überlieferungen) zufolge soll Jutu-Jindi die Schlucht selbst zum Wächter des Tempels gemacht haben, indem er „den Geisterkerker in die Stirn des Bergmauls klebte". Mit Sicherheit lässt sich sagen, dass das Idol des Kaujok-Limi seitdem der Verschluss eines deutlich größeren und mächtigeren magischen Gefäßes war.

Den Rest seines Lebens verbrachte Jutu-Jindi mit der Sicherung des Tempels. Mit Hilfe seines zwergischen Freundes ☙*Brago Sohn des Brigosch* konstruierte er Fallen und Rätsel. Außerdem erwirkte er, dass sich einige Anoihas genau am Zugang zu Schlucht und Tempel niederließen. Behutsam änderte er die Sitten ihres Dorfes und schuf das, was sich ein fremder Eindringling unter einem exotischen Paradies vorstellen mochte – einem Paradies, das ihn alle Abenteuerlust und insbesondere alle Pläne zum Tempelraub vergessen machen sollte und dessen Bewohner Jutu-Jindi *Wapa-Tonsha* nannte: Wächter in einem Land des Rausches.

Mareks Diebstahl

Dreizehn Jahre ist es nun her, dass Marek Brodinger auf einer seiner Expeditionen zufällig das Dorf der Anoiha fand, wo sich die junge Schamanin Tiki-Ta seiner annahm. Während einer heftigen Affäre gelang es Marek durch einen Trick, den Standort des größten und wichtigsten Tabus des Stammes herauszufinden. Der Eifer des Forschers und die Aussicht auf unendlichen Reichtum waren stärker als die junge Liebe. So ließ er Tiki-Ta zurück, um den geheimnisvollen Tempel zu erforschen und dessen Schätze zu bergen.

Marek war nicht der Erste, der sich der Vereinnahmung durch die Waldmenschen entzog, doch nach Jutu-Jindi war er der Einzige, der lebend das Allerheiligste des Tempels erreichte. Er ersetzte das Idol durch ein Säckchen Sand und öffnete dadurch das Gefäß, welches das Yaq-Hai und raue Mengen der Macht Thargunitoths,

*Auch wenn Jutu-Jindi in der Gesellschaft seines Waldmenschenstammes die Funktion eines Schamanen einnahm, bei denen es sich in der Regel um Geweihte des Jaguargottes handelt, war er selbst ein Animist und bezog seine übernatürlichen Kräfte aus einer magischen Begabung. Das ist nicht ungewöhnlich, und für die Waldmenschen macht es letztlich keinen Unterschied, was die Schamanen zu ihrem Amt qualifiziert.

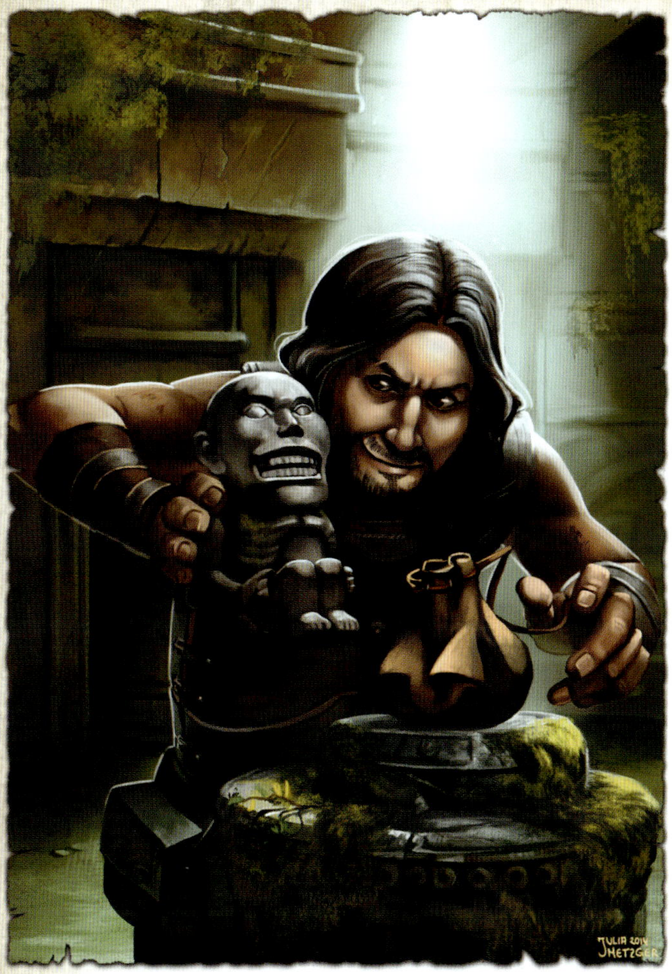

der Erzdämonin des Untodes, die hier von den Wudu verehrt wurde, unter Verschluss hielt.
Wahrscheinlich ist es auch allein dem Zutun Agrimoths zu verdanken, dass Marek aus dem Tempel fliehen konnte, obwohl sich darin die Untoten dutzendweise erhoben. Sie jagten ihn bis zum Rand der Schlucht, wo er seine verzweifelte Lage erkannte. Mareks Wunsch machte seinen sterblichen Körper ohne sein Wissen zum neuen Verschluss des magischen Gefäßes. Thargunitoths Macht war an dieser Stelle des Dschungels erneut gebannt, und das Dorf der Anoiha war für weitere dreizehn Jahre vor den Untoten geschützt.

Die letzten dreizehn Jahre

Marek konnte das Idol heil nach Methumis bringen, wo es im Museum der Universität untersucht und ausgestellt wurde. Die Untersuchungen ergaben, dass es einst einen Schutzzauber barg, der nun wahrscheinlich nicht mehr oder nur noch eingeschränkt wirken konnte. Noch immer wohnte astrale Kraft in dem Idol, doch die magischen Strukturen zu seiner Einbettung in ein größeres Muster waren durchtrennt. Eine von der Universität entsandte Expedition in das nun mutmaßlich von einer Untotenplage betroffene Gebiet berichtete jedoch, dass sie keinerlei auferstandene Tote angetroffen hätte. Die dort ansässigen Waldmenschen seien wohl selbst mit ihnen fertig geworden, sodass man die Anoiha unbehelligt ließ und auch den Tempel nicht betrat.
Marek, der sich vor der Teilnahme an dieser Expedition gedrückt hatte, war erleichtert. Er glaubte, mit dem Schrecken davongekommen zu sein. Doch mit den Jahren spürte er immer deutlicher, wie ihn etwas in seinem Inneren zu der Schlucht zurückzog. Er ließ sich insgeheim magisch untersuchen und begriff, dass er seinen Handel mit der Schlucht ungeschickt formuliert hatte und sein Leben verwirkt war. Sein Körper war zum neuen Schutzsiegel für die Ruhe der Tschumbies geworden. Bei seinem Tod würden sie sich erneut erheben. Der dämonische Zwang ließ sich jedoch nicht ohne Kenntnis des *Wahren Namens* der Schlucht brechen, und der Drang sich hinabzustürzen wurde jährlich stärker. Marek fürchtete eine Entdeckung durch die Inquisition und wagte es nicht, eine der Kirchen um Hilfe zu bitten. Zudem nagte das schlechte Gewissen gegenüber den Anoiha an ihm, die er mit sich in den Abgrund reißen würde – ganz zu schweigen von den unzähligen anderen Menschen, die die Untoten bedrohen würden.
Zwölf Jahre lang unternahm er weitere Abenteuerreisen und sammelte Geld. Im dreizehnten regelte er seinen Nachlass. Er ließ eine Fälschung des Idols anfertigen, stahl das Original und beschloss, das Siegel selbst zurückzubringen – mit ein paar fähigen Abenteurern als Rückversicherung. Genau hier kommen die Helden ins Spiel.

Kurzglossar

Hruruzat: waffenlose Nahkampftechnik, die bei einigen Stämmen der Waldmenschen verbreitet ist

Kamaluq: oberster *Nipakau*, Schöpfergeist der Waldmenschen

Nipakau: Geist in der animistischen Weltsicht der Waldmenschen, kann einem Tier, einer Pflanze oder einem Stein innewohnen oder auch eher ein Konzept beschreiben

Otan-Otan: intelligente Affenart mit rostbraunem Fell und langen Armen

Satuul: durch unheilvolle Einflüsse verdorbener Geist, oft ein Dämon

Tabu: Warnung oder Verbot, meist auf eine bestimmte Handlung oder einen Ort bezogen; teilweise durch göttliche Macht verhängt

Tahaya: schriftlose Sprache, die allen Stämmen der Waldmenschen gemein ist

Taya: Geschichte oder Legende der Waldmenschen, die man sich am Lagerfeuer erzählt oder die mit Tänzen und Gesängen nachfolgenden Generationen weitergegeben wird

Tapam: Seele, die jedem Waldmenschen innewohnt und durch äußere Einflüsse verderben und dann zu einem *Satuul* werden kann

Tschumbie: Untote, die von den Wudu mit Visars Macht erhoben wurden

Visar: Gott des Todes und der Geister, den die Wudu verehrten

Wudu: Waldmenschenstamm, der vor vielen Jahrhunderten über große Teile Meridianas herrschte und einen ausgeprägten Todeskult pflegte

Wege ins Abenteuer

Marek (siehe Seite **10**) engagiert die Helden für eine Expedition ins Regengebirge, vorgeblich um archäologische Untersuchungen an einem verlassenen Tempel vorzunehmen. Je nachdem, auf welchen Ansatz die Helden anspringen, wird er die Beschreibung seines Vorhabens anpassen. Bei goldgierigen Helden deutet er an, dass wertvolle Schätze zu heben seien, begeisterten Forschern winkt ein magisches Geheimnis und eifrige Geweihte erhalten die Möglichkeit, eine ketzerische Kultstätte unschädlich zu machen.

Die Helden sollen bekommen, was sie wollen, und auch die Verhandlungen über ihre Entlohnung sollte Marek nicht sonderlich rigide führen: Er bietet drei Silbertaler pro Tag, lässt sich aber mit einer Probe auf *Handel* oder *Überreden (Manipulieren)* gegen seine *Willenskraft* (FW 12, 15/14/13) auch auf fünf hochhandeln.

Sollten die Helden getrennt angeworben werden, kann Marek ihnen durchaus unterschiedliche Behauptungen auftischen, die dann im Verlauf der Expedition zu weiteren Komplikationen führen. Mit Port Corrad ist der Ausgangspunkt der Reise recht zufällig gewählt und kann beliebig angepasst werden – ebenso wie die genaue Lage des Dorfes der Anoiha und des Tempels, sodass sich Reisezeiten gegebenenfalls nicht ändern müssen.

Folgende Informationen erhalten die Helden in jedem Fall:

- Die Expedition führt ins Gebiet der Anoiha, genauer: zu einem alten Tempel. Sie wird voraussichtlich zwischen vier und sechs Wochen dauern.
- Der Tempel liegt in einer Tabuzone der Anoiha. Sie werden versuchen, die Expedition aufzuhalten.
- Marek war vor etwa zwölf Jahren schon einmal in diesem Tempel und barg das Idol des Kaujok-Limi. Es steht im Museum der Universität von Methumis. Gelehrte haben es erforscht und auch darüber veröffentlicht (was Helden durch *Magiekunde (Artefakte)* –4 bestätigen können).
- Die Expedition ist hervorragend ausgerüstet. Marek konnte auf seiner Reise bereits in Mengbilla drei Führer vom Waldmenschenstamm der Chirakah zur Unterstützung der Expedition gewinnen. Sie haben einen zahmen Waldelefanten, der das Gepäck tragen kann.
- Die Zeit drängt. Marek will so schnell wie möglich aufbrechen (Gründe hierfür siehe unten).

Marek wird sich in jedem Fall über die Schlucht und seine Erlebnisse mit Tiki-Tas Stamm ausschweigen. Er will beidem möglichst lange ausweichen, obwohl er weiß, wie schwer das werden dürfte (siehe Seite **19**).

Nachfolgend findest du eine Liste von Behauptungen, mit denen Marek die Helden stattdessen ködern könnte:

- Bei seiner letzten Reise musste Marek wertvolle Goldmasken mit Edelsteinbesatz zurücklassen, die es jetzt zu holen gilt. Über die genaue Aufteilung des Gewinns lässt sich reden. Hauptsache ist, er kann ein ganz besonderes Stück ins Museum heimholen.
- Der berüchtigte Grabräuber ♟*Meridiana Josch* (bürgerlich Prajost Marschenpadder aus Ingfallspeugen) / die al'anfanische Entdeckerin ♟*Notia Botero-Montez* ist auf dem Weg in den Tempel. Was genau dieser Konkurrent dort sucht, ist unklar. Doch dem nostrischen Stümper fehlt es an jeglicher wissenschaftlichen Reputation / die al'anfanische Diebin beutet die Geheimnisse fremder Kulturen vollkommen gewissenlos aus, also werden ihre Funde wahrscheinlich meistbietend verschachert. Man muss sie aufhalten!
- Auf dem Rückweg vom Tempel liegt ein Dorf der Anoiha. Sobald die eigentliche Expedition erledigt ist, kann in diesem Dorf Rast gemacht werden, um im Sinne der Zwölfgötter zu missionieren. Im Zweifel kann dann auch der Tempel selbst für ein (gegebenenfalls inszeniertes) Götterurteil herangezogen werden.
- Zur Missionierung der Anoiha war vor etwa 30 Jahren eine Expedition ausgezogen. Sie hatte ein zwölfgöttliches Artefakt dabei. Das half jedoch nicht viel, denn die Männer und Frauen kehrten nie zurück. Vor kurzem hat Marek nun aber eine Zeichnung des Artefakts gesehen und ist sicher, es in dem Tempel gesehen zu haben.
- Der Tempel dient einer Gruppe von Sklavenjägern (eventuell unter dem Befehl eines der Gruppe bereits bekannten Schurken) als Operationsbasis. Ihre Zerschlagung wäre ein kräftiger Schlag gegen die Al'Anfaner / einen bestimmten Sklavenhändler / den al'anfanischen Boronkult / einen anderen Feind der Helden.
- Ein finsterer Magier aus Brabak / Selem / den Schattenlanden will den Tempel für ein umfangreiches Ritual nutzen, aus dem nur Schlechtes erwachsen kann. Er muss aufgehalten werden. Als Beweis kann Marek einen (gefälschten) Brief vorweisen, der ihm von einem Bekannten zugespielt wurde.

Ist sich Marek mit den Helden einig (gegebenenfalls setzt er auch schriftliche Verträge auf), will er so schnell wie möglich aufbrechen. Für Ausrüstung ist bereits gesorgt und den Chirakah kann man sich auf dem Weg vorstellen (siehe Seite **11**).

Marek kann die Helden darin einweihen, dass er vor über zehn Jahren etwas aus dem Tempel mitgenommen hat, das unbedingt zurückgebracht werden muss. Wenn die Helden ihm vertrauen, kann er sogar über die Fälschung des Idols und die Gefahr sprechen, dass sich die Untoten erheben. Seinen Handel mit der Schlucht sollte er aber auch hier verschweigen und

Kontakt zu Marek

Wenn möglich, sollte Marek den Helden von einem Mentor oder einem Freund empfohlen werden, um dem Forscher einen Vertrauensvorschuss zu geben. Es ist wichtig, dass sich die Helden mit seinem Vorhaben identifizieren und sich ihm bestenfalls persönlich verpflichtet fühlen. Wenn die Helden sich für das Idol interessieren, wird Marek umso größeres Interesse haben, sie für die Expedition zu gewinnen – schon allein, damit sie seine Fälschung nicht entdecken.

Nachfolgend findest du einige Beispiele, auf welche Weisen die Helden ansonsten Mareks Bekanntschaft machen könnten. Wenn sie Nachforschungen über den Professor anstellen, kannst du ihnen auch einige dieser Informationen im Austausch gegen Proben auf *Gassenwissen*, *Geschichtswissen*, *Magiekunde* oder andere passende Fertigkeiten geben. Jede wichtige Information sollte zumindest 3 QS erfordern, wobei am Tag maximal 3 Proben abgelegt werden sollten. Bei einer gelungenen Probe, aber weniger als QS 3, kannst du dem Helden zumindest ein paar grobe Informationen geben, die nützlich, aber nicht entscheidend sind.

- *Brago Sohn des Brigosch* ist der verschollene Ahn eines zwergischen Helden. Sein Buch *Schweiß und Regen - Von Konstruktion und Wartung komplexer Mechanismen bei hoher Luftfeuchte. Ein Erfahrungsbericht.* wird dem Helden von einem Verwandten zugespielt. In diesem Buch wird das Idol des Kaujok-Limi erwähnt, das einst von Marek Brodinger aus dem Dschungel nach Methumis gebracht wurde. Vielleicht liefert Mareks aktuelle Expedition weitere Erkenntnisse über den Ahnen, um so die Familienehre zu mehren.
- Ein magischer Lehrmeister ist auf ein Artefakt gestoßen, das die gleiche Handschrift wie das Idol des Kaujok-Limi trägt. Er hat das Idol vor etwa zwölf Jahren untersucht, entweder in Mareks Auftrag als grobe Erstanalyse irgendwo in Aventurien oder heimlich, als sie gemeinsam reisten, oder später im Auftrag der Universität. Er bittet den Helden, mehr über den Erschaffer dieser Artefakte herauszufinden – und der erste Hinweis führt zu Marek.
- Ein Adliger hat einen gewissen *Jutu-Jindi* in seiner Ahnenreihe entdeckt. Das ist insofern erstaunlich, als ausgerechnet dieser Waldmensch der Familie überhaupt erst den Adelstitel einbrachte – wahrscheinlich durch große Verdienste, die sich heute aber nicht mehr nachweisen lassen. Nun ist das Familienoberhaupt erkrankt und es gibt Uneinigkeit über die Erbfolge. Der Adlige benötigt einen Helden mit gutem Leumund, der die außergewöhnlichen Fähigkeiten Jutu-Jindis bezeugen kann. Die einzige Spur führt zum Idol des Kaujok-Limi und Marek, seinem Entdecker.
- Ein phexisch gesinnter Kontakt des Helden hat von einer Expedition erfahren, für die sehr viel Geld ausgegeben wurde. Wer so entschlossen investiert (und investieren kann), rechnet mit einem viel größeren Gewinn. Es dürfte sich lohnen, an dieser Unternehmung teilzunehmen.
- Die ehemalige Schülerin Mareks, Dottora *Yalsinia ya Tarcallo*, leitet seit einigen Jahren die Aves-Schule der Herzog-Eolan-Universität zu Methumis, die neugegründete Fakultät für Völkerkunde. Sie ist um Marek besorgt, denn ihr ist aufgefallen, dass dieser sich sentimentaler als sonst von ihr verabschiedet hat. Nachforschungen ergaben, dass er mehrere Notare aufgesucht und große Spenden an Tempel getätigt hat. Sie bittet den Helden, Mareks Sicherheit während der Expedition zu gewährleisten und ihren Namen dabei möglichst nicht zu erwähnen.
- Der Hesindegeweihte *Hexander Ponziani von Kuslik*, der das Museum in Methumis öfter besucht, fühlte sich in der Nähe des Idols immer etwas unwohl. Das hat sich plötzlich geändert. Noch rätselhafter waren die Omen und Träume, die er hatte: Das Idol umgeben von nackten Waldmenschen, Skeletten, Schluchten und immer wieder dem Dschungel. Er vermutet einen Fingerzeig seiner Göttin. Darum bittet er einen götterfürchtigen Helden, Marek auf seiner Expedition zu begleiten.
- Ein abergläubischer Goldschmied hat die Fälschung des Idols angefertigt und wird nun von seinem Gewissen geplagt. Das Original war ihm unheimlich und er fürchtet, einen großen Fehler begangen zu haben. Das Museum und Marek sind ihm egal, aber er will nicht die Schuld dafür tragen, dass Unschuldige verletzt oder gar verflucht werden. Um seinen Ruf nicht zu gefährden, bittet er den Helden, bei einer Teilnahme an der Expedition diskret herauszufinden, was genau mit dem Original geschieht.
- Statt des Goldschmieds kommt auch der Einbrecher in Frage, der das Original gegen die Fälschung austauschte.
- Ein Waldmensch oder anderer Angehöriger einer Stammeskultur folgt Mareks Expedition von Mengbilla nach Port Corrad und erkennt, dass sie dringend Hilfe braucht. In einer Verhandlung ist er sich schnell mit dem Forscher einig.
- Solltest du einen passenden Mentor aus der Hintergrundgeschichte eines Helden entbehren können, gib ihm gleich vollständig Mareks Rolle.

schlicht behaupten, er habe ein „anderes Gefäß“ gefunden, das die Untoten derzeit aufhält, aber sehr bald seinen Dienst versagen wird. In diesem Fall solltest du den Abschnitt **Eine andere Route** (siehe Seite **20**) entsprechend anpassen.

Mareks Behauptungen sind zwar allesamt unwahr, doch du kannst auch eine (oder zwei) davon für wahr erklären, um das Abenteuer anzureichern und die Reise unter größere Spannung zu setzen. In diesem Fall sollte es aber pro Punkt zwei bis drei Sonderszenen geben, die das Vorgehen der Helden durch weitere Hinweise bestätigen. Hierdurch kann auch die dramatische Szene von Mareks Tod in der Schlucht abgemildert werden. Allerdings bergen diese Nebenmotivationen auch die Gefahr, in Konkurrenz zur Haupthandlung zu treten, sie unglaubwürdig oder gar überflüssig zu machen.

Mareks Plan

Tatsächlich ist Marek unsicher, wann genau die dreizehn Jahre enden, die er mit der Schlucht aushandelte. Er weiß, dass er ohnehin in ihrem Treibsand sterben wird, doch will er sich seiner Verantwortung nicht entziehen. Darum muss das Idol auf jeden Fall in den Tempel zurück, auch wenn auf dem Weg dorthin zwei bedeutende Hindernisse liegen:

Erstens erinnert Marek sich noch gut an die verführerische Gastfreundschaft der Anoihas, durch die man viele Tage verlieren könnte. Darum behält er die tatsächliche Position des Tempels für sich, solange er kann. Notfalls führt er sogar die Expedition in die Irre, um eine Begegnung mit Tiki-Ta zu vermeiden.

Zweitens führt der Weg zum Tempel direkt über die dämonische Schlucht. Schon jetzt kann sich Marek kaum der Bilder in seinem Kopf erwehren, die ihn zum Sprung in den Treibsand ermutigen. Er befürchtet, diesem Drang nicht mehr widerstehen zu können, sobald er sich der Schlucht nähert. Darum hat er einen Abschiedsbrief formuliert und eine Karte gezeichnet: Sollte er den Tempel nicht erreichen, liegt seine letzte Hoffnung auf den Helden, die im Notfall seinen Fehler wiedergutmachen sollen.

Marek Brodinger, Professor der Altertumsforschung

Der Gelehrte und Abenteurer ist schon viel in der Welt herumgekommen. Seine Jugend verbrachte er auf Reisen mit seinem wohlhabenden Vater, gequält von häufig wechselnden Gouvernanten, die der abenteuerlustige Junge reihenweise zur Verzweiflung trieb. Nichtsdestoweniger trug der Privatunterricht Früchte und Marek entwickelte sich zu einem anerkannten Altertumsforscher,

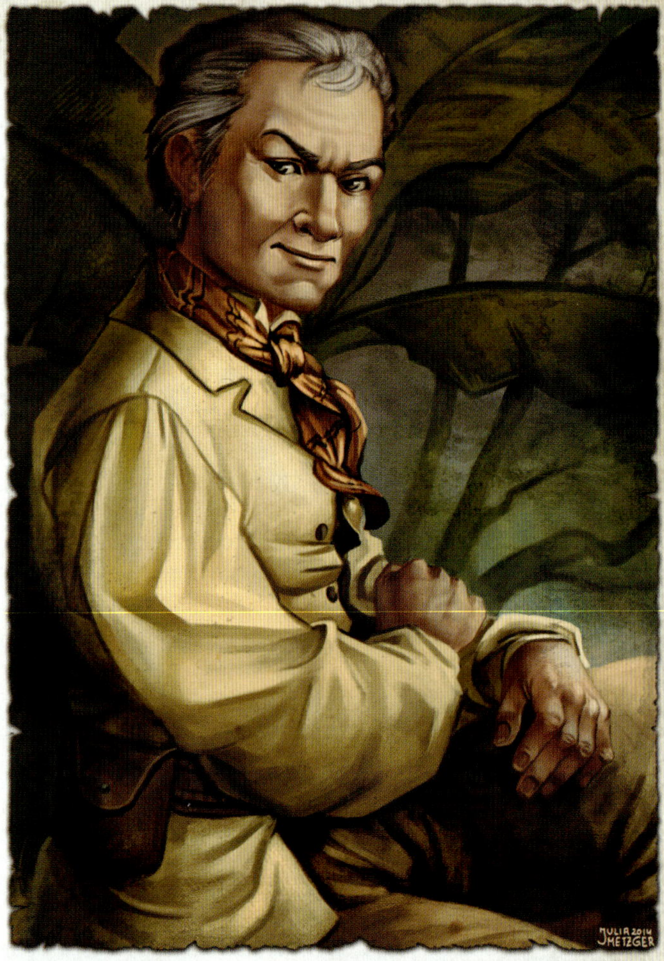

der seit nunmehr dreißig Götterläufen halbjährlich an den Universitäten und Bildungsstätten zu Kuslik und Methumis lehrt. In der anderen Hälfte des Jahres bereist er antike Kultstätten und organisiert Ausgrabungen in entlegenen Teilen Aventuriens.

Marek hat viel unternommen, um seinen unfreiwillig eingegangenen Pakt zu brechen, doch alle Versuche schlugen fehl. Aus Angst um sein Leben wagte er nicht, sich einer Kirche zu offenbaren. Inzwischen hat er mit seinem Leben abgeschlossen und versucht, jeden verbleibenden Tag so götterfürchtig und bescheiden zu genießen, wie es sich eben einrichten lässt. So begegnet er anderen meist freundlich, ist aber froh, wenn ihm unangenehme Entscheidungen abgenommen werden. Er spart seine Kraft für eine letzte große Willensanstrengung, die Wiedergutmachung seines Fehlers. Im Jenseits, so hofft er, wird dies vielleicht seine Seele retten.

Sein Verhältnis zu Waldmenschen ist jedoch problematisch. Er verdrängt die Liebe zu Tiki-Ta, die er durch seine Gier zerstörte, und betrachtet das Volk als Wilde, die besser heute als morgen die Segnungen der Zivilisation erlernen. Erst die erneute Begegnung mit Tiki-Ta lässt dieses Vorurteil verblassen.

Funktion: Er ist der sympathische Auftraggeber der Helden, der keine Angst hat, sich auch selbst die Finger schmutzig zu machen. In Gesprächen zeigt er sich gebildet und selbstbewusst und weiß sich auch in der Wildnis durchaus zu behaupten. Hinter dieser Fassade verbirgt sich allerdings ein trauriger Gelehrter, der bedauert, sein Leben vergeudet zu haben.

Darstellung: Kneife beim Denken die Augen zusammen und lege den Zeigefinger an die Stirn, während du den Finger beim Sprechen öfters belehrend ausgestreckt lässt. Lächle freundlich und behandle andere respektvoll, solange sie guten Willen zeigen. Lass gelegentlich ehrliches Bedauern für Angehörige „primitiver" Kulturen durchscheinen. Begegne Konflikten entschlossen, aber sachlich. Verliere die Geduld, wenn jemand absichtlich die Mission gefährdet.

„Nennt mich Marek."
„Das gehört in ein Museum!"

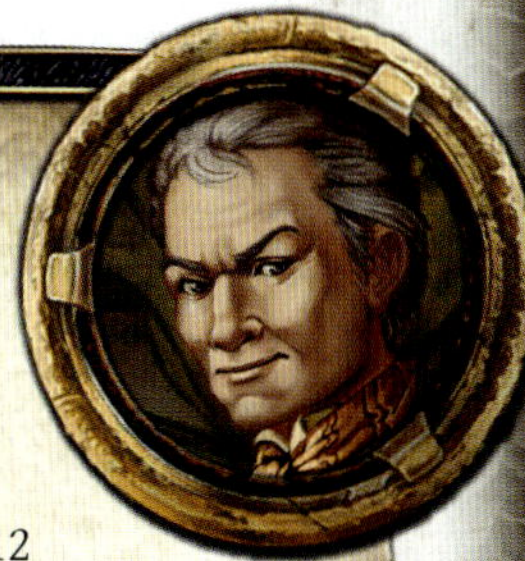

Professor Marek Brodinger
MU 15 **KL** 15 **IN** 14 **CH** 13
FF 12 **GE** 12 **KO** 13 **KK** 12
LeP 32 **AsP** – **KaP** – **INI** 13+1W6
AW 7 **SK** 2 **ZK** 1 **GS** 7
Schips: 3
Waffenlos: **AT** 12 **PA** 6 **TP** 1W6 **RW** kurz
Haumesser: **AT** 14 **PA** 6 **TP** 1W6+3 **RW** mittel
Peitsche*: **AT** 17 **PA** – **TP** 1W6 **RW** lang
RS/BE: 1/0 (schwere Kleidung) (Modifikatoren durch Rüstungen bereits eingerechnet)
Vorteile/Nachteile: Vertrauenerweckend / Schlechte Eigenschaft (Neugier)
Sonderfertigkeiten: Geländekunde (Dschungelkundig), Parade verbessern, Verbessertes Ausweichen I, Verteidigungshaltung
Talente: Fährtensuchen 3, Geschichtswissen 14, Körperbeherrschung 6, Magiekunde 9, Orientierung 3, Pflanzenkunde 12, Selbstbeherrschung 7, Sinnesschärfe 9, Verbergen 5, Wildnisleben 6, Willenskraft 12
Kampfverhalten: Marek ist kein Kämpfer, kann sich aber seiner Haut eine Zeit lang erwehren.
Flucht: Verlust von 75 % der LeP
Schmerz +1 bei: 24 LeP, 16 LeP, 8 LeP, 5 LeP oder weniger
*) Näheres zur Kampftechnik *Peitschen* findest du auf Seite **47**.

Die Chirakah

Mareks Führer sind Mitglieder des Stammes der Chirakah, der einst erbitterten Widerstand gegen die Siedler aus dem Norden leistete, sich der fremden Kultur aber inzwischen weiter angenähert hat als die meisten anderen Waldmenschen. Die Mitreisenden *Kote-Kutaq*, *Leri-Tamtam-Sun* und *Huudu-Jutatla* gehören zur Familie Morales, benannt nach einem mengbillanischen Großgrundbesitzer. Inwieweit es sich hierbei um einen Sklavenhalter handelte, lässt sich nicht mehr ermitteln. Die Familie besteht aus mehreren zusammengewürfelten Sippen der Chirakah. Doch der missionierenden Geweihtenschaft schien ein „anständiger" Name seinerzeit gerade ebenso recht zu kommen wie ein überschaubarer Familienverbund. Auf den Namen folgten bald ebenso angepasste Kleider und Haarschnitte.
Anders als viele andere Chirakah hat die Familie Morales noch einigen Kontakt zum Dschungel und lebt größtenteils von der Jagd sowie vom Verkauf von Leder und Fellen. Offiziell gilt sie als zwölfgöttergläubig, ihr animistisches Weltbild ist jedoch noch immer dominant. Man betrachtet die Zwölfgöttergläubigen als Fremde, weiß aber gleichzeitig, dass man von ihnen abhängig ist – nicht zuletzt auch durch die liebgewonnenen Annehmlichkeiten ihres Lebenswandels.

Kote-Kutaq, der Waldläufer

Der Waldläufer der Gruppe ist ein stolzer Krieger und langjähriger Pegeltrinker. Wenn er nicht dreimal täglich Gebranntes bekommt, wird er aggressiv und macht Fehler. Ansonsten redet er kaum und beobachtet die Umgebung, auch weil er die Sprache der Plantagenbetreiber, die er im Grunde verachtet, am wenigsten beherrscht. Mit 35 Jahren ist er der älteste der drei Chirakah. In seinen langen, schwarzen Schopf mischen sich bereits die ersten grauen Strähnen.
Funktion: Kote-Kutaq ist die stille Reserve. Seine Fähigkeiten sollen Leben retten, aber erst dann, wenn die Helden nicht mehr weiterwissen. Setze seine Alkoholsucht als unberechenbares Element ein und stelle durch abweisendes Verhalten und kleinere Fehler seine Zuverlässigkeit infrage. Im besten Fall misstrauen ihm die Helden so sehr, dass sie relevante Proben für das Vorankommen im Dschungel sicherheitshalber selbst wiederholen.
Konfliktverhalten: Abwartend, kontrolliert. In Gruppenkonflikte mischt er sich nur ein, wenn sie seine Verwandten gefährden. Auf Entzug provoziert, spricht er klare Drohungen aus, die er notfalls auch in die Tat umsetzt. In Gefahrensituationen ist auf ihn jedoch Verlass. Er wird im Zweifel die Entscheidung treffen, die die meisten Leben rettet – bevorzugt die seiner Verwandten.

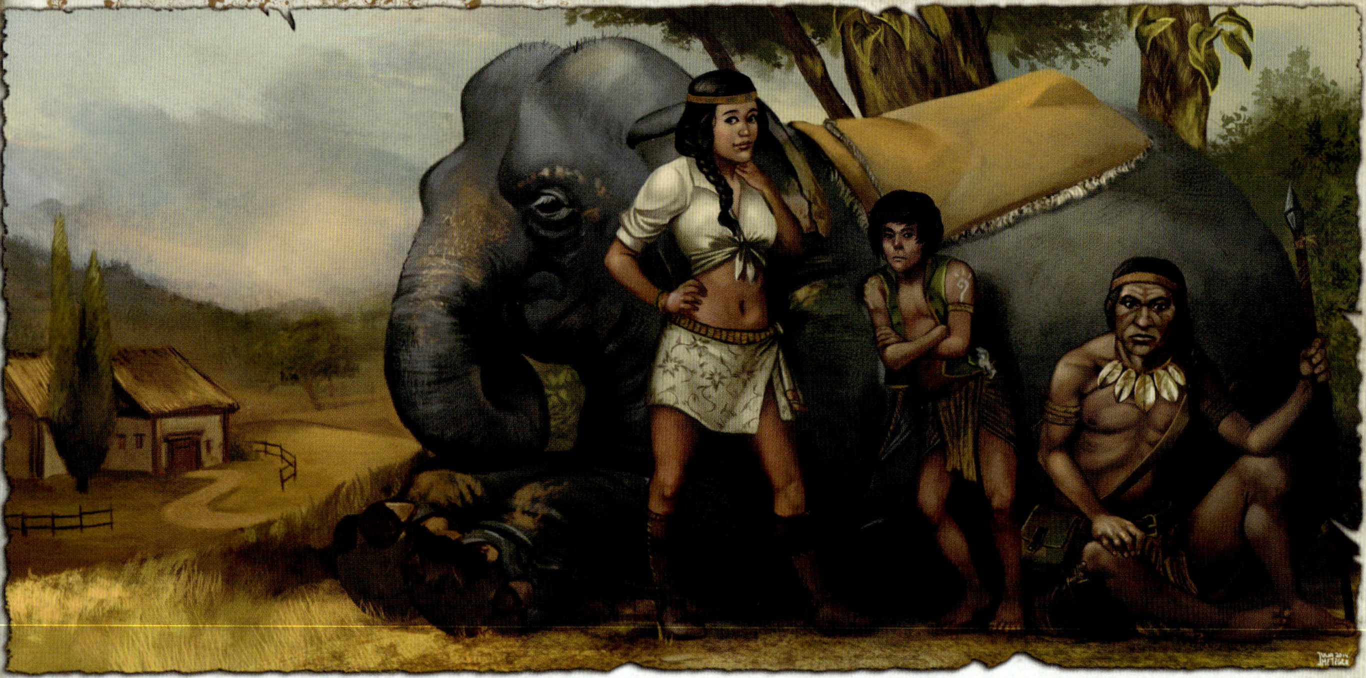

Leri-Tamtam-Sun, die Dolmetscherin

Kote-Kutaqs jüngere Cousine fungiert als Übersetzerin. Die 17-jährige trägt die Haare nachlässig geflochten, redet, scherzt und lacht gern und laut. Auf das *Sun* (wild) am Ende ihres Namens besteht sie nachdrücklich, auch wenn die beiden anderen Chirakah die Silbe oft weglassen. Das Stammesleben (wie sie es kennt) findet Leri-Tamtam-Sun langweilig und sucht nach einem Weg in die Welt der Stadtbewohner: Mit einflussreich wirkenden Männern flirtet sie; mit selbstbewussten Frauen will sie sich anfreunden, indem sie ihr Verhalten, ihre Sprache und ihre Kleidung imitiert.

Funktion: Leri-Tamtam-Sun ist der sympathische Konfliktherd in Gestalt des lebenshungrigen Mädchens vom Land. Sie soll die Gruppe anstrengen, sei es durch unbedachtes Krakeelen mitten im Dschungel, Eifersuchtsdramen oder neugieriges Geplapper. Führe sie als freundliche, hilfsbereite Vermittlerin zwischen den Helden und ihrem verschlossenen Vetter ein und provoziere später Konflikte, *weil* sie es versteht, sich in der Gruppe beliebt zu machen und Loyalitäten zu verschieben. Die Helden sind für sie welterfahrene, bewundernswerte Vorbilder – der Weg in eine weite Welt voller Abenteuer.

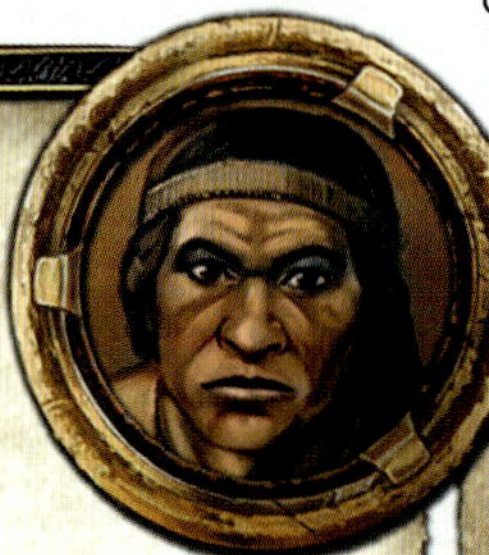

Kote-Kutaq
MU 13 **KL** 11 **IN** 14 **CH** 11
FF 12 **GE** 14 **KO** 13 **KK** 13
LeP 31 **AsP** – **KaP** – **INI** 15+1W6
AW 8 **SK** 0 **ZK** 2 **GS** 8
Waffenlos: AT 15 **PA** 9 **TP** 1W6
RW kurz
Holzspeer: AT 16 **PA** 10 **TP** 1W6+2
RW lang
RS/BE: 0/0
Vorteile/Nachteile: Unauffällig, Zeitgefühl / Niedrige Seelenkraft, Schlechte Eigenschaft (Jähzorn)
Sonderfertigkeiten: Finte I, Geländekunde (Dschungelkundig), Jäger, Kampfreflexe I, Tierstimmen imitieren, Wuchtschlag I, Zu Fall bringen
Sprachen & Schriften: Garethi I, Tahaya III
Talente: Fährtensuchen 12, Klettern 8, Körperbeherrschung 10, Lebensmittelbearbeitung 3, Orientierung 11, Pflanzenkunde 6, Selbstbeherrschung 8, Sinnesschärfe 12, Tierkunde 6, Verbergen 8, Wildnisleben 11, Willenskraft 5
Kampfverhalten: Kote-Kutaq greift in erster Linie mit seinem Speer und Finten an. Sollte er in eine Situation geraten, in der er unbewaffnet ist, vertraut er seinen Fähigkeiten im unbewaffneten Nahkampf.
Flucht: Verlust von 75 % der LeP
Schmerz +1 bei: 23 LeP, 15 LeP, 7 LeP, 5 LeP oder weniger

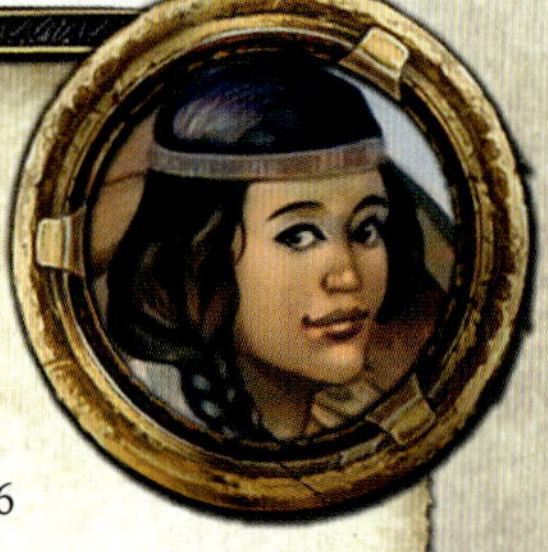

Leri-Tamtam-Sun
MU 13 **KL** 11 **IN** 12 **CH** 14
FF 12 **GE** 14 **KO** 12 **KK** 13
LeP 29 **AsP** – **KaP** –
INI 14+1W6
AW 7 **SK** 1 **ZK** 1 **GS** 8
Waffenlos: AT 11 **PA** 7 **TP** 1W6
RW kurz
Dolch: AT 12 **PA** 8 **TP** 1W6+1 **RW** kurz
RS/BE: 0/0
Vorteile/Nachteile: – / Schlechte Eigenschaft (Neugier)
Sonderfertigkeiten: Geländekunde (Dschungelkundig)
Sprachen & Schriften: Garethi III, Tahaya III, Kusliker Zeichen
Talente: Heilkunde Gift 12, Heilkunde Krankheiten 7, Heilkunde Wunden 9, Körperbeherrschung 5, Lebensmittelbearbeitung 7, Selbstbeherrschung 4, Sinnesschärfe 4, Verbergen 5, Wildnisleben 4, Willenskraft 8
Kampfverhalten: Leri-Tamtam-Sun hält sich aus Kämpfen heraus, versorgt aber Verletzte anschließend mit Heilkräutern.
Flucht: Verlust von 50 % der LeP
Schmerz +1 bei: 22 LeP, 14 LeP, 7 LeP, 5 LeP oder weniger

Konfliktverhalten: Zunächst wird Leri-Tamtam-Sun immer versuchen, recht zu behalten, ungeachtet der tatsächlichen Umstände. Sollte sie sich eindeutig unterlegen fühlen, schweigt sie grimmig und ist etwa einen Tag lang beleidigt. Sie wird sich nie für etwas entschuldigen, sondern stets Ausreden finden. Im Zweifel entscheidet sie für die Taube auf dem Dach, nicht für den Spatz in der Hand.

♟ Huudu-Jutatla, der Elefantenführer

Der kleine Junge mit dem wenig schmeichelhaften Namen („Rotznase“) ist Leri-Tamtam-Suns kleiner Bruder (14 Jahre). Er trägt die Haare kurz, ist etwas kränklich und wird nur mitgenommen, weil er sich am besten mit der Elefantendame Travide versteht (der Name ist ein Zugeständnis an Mutter ♟ *Gesine*, eine Traviageweihte, die bei der Familie Morales missioniert). Insgeheim hofft er, auf dieser Reise endlich eine Heldentat zu vollbringen und seinen unrühmlichen Namen ablegen zu können. Innerlich ist Huudu-Jutatla schon in seinen jungen Jahren voller Zorn, der sich bald ein geeignetes Ventil suchen wird.

Funktion: Huudu-Jutatla ist der tierliebe jugendliche Amokläufer. Die Helden sollen ihn als sensiblen, introvertierten Jugendlichen kennenlernen, der eher schutzbedürftig als gefährlich ist. Dieser Darstellung dient auch sein gutes Verhältnis zu Travide. Die Maske fällt, sobald sich eine Gelegenheit zum Heldenmut ergibt – und zwar aus Sicht eines Stammeskriegers, der sich einen Dreck um die Fremden schert.

Konfliktverhalten: Spott ist er von seiner Familie gewohnt und steckt ihn weg, so gut er kann. Vor einem Helden, der sein Ehrgefühl verletzt, wird Huudu-Jutatla zwar kurzfristig kuschen, ihn jedoch zuvor finster anfunkeln. Beharrliches Schweigen ist auch hier seine beste Verteidigung. Das Wohl der Gruppe interessiert ihn nicht, sondern nur das Bild, das seinen Verwandten zu Hause von ihm vermittelt wird. Darum folgt er den Anweisungen Kote-Kutaqs – fast immer.

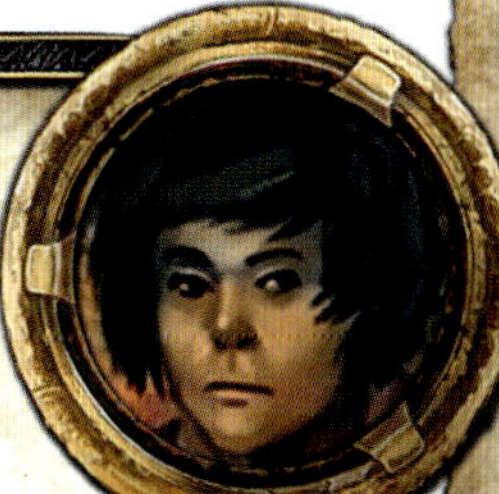

Huudu-Jutatla
MU 14 **KL** 11 **IN** 12 **CH** 12
FF 12 **GE** 13 **KO** 11 **KK** 11
LeP 27 **AsP** – **KaP** – **INI** 13+1W6
AW 6 **SK** 1 **ZK** 1 **GS** 9
Waffenlos: AT 12 **PA** 6 **TP** 1W6 **RW** kurz
Dolch: AT 12 **PA** 6 **TP** 1W6+1 **RW** kurz
RS/BE: 0/0
Vorteile/Nachteile: Flink / Krankheitsanfällig I, Schlechte Eigenschaften (Jähzorn, Neugier)
Sonderfertigkeiten: Finte, Geländekunde (Dschungelkundig), Vorstoß
Sprachen & Schriften: Garethi II, Tahaya III
Talente: Fährtensuchen 6, Klettern 8, Körperbeherrschung 7, Lebensmittelbearbeitung 2, Orientierung 6, Selbstbeherrschung 3, Sinnesschärfe 3, Tierkunde 12, Verbergen 7, Wildnisleben 6, Willenskraft 4
Kampfverhalten: Huudu-Jutatla greift bei Provokationen mit allen ihm zur Verfügung stehenden Mitteln an, bis er siegt oder beruhigt wird. Ohne Rücksicht auf seine Deckung nutzt er dabei gern Vorstöße und Finten.
Flucht: Verlust von 75 % der LeP
Schmerz +1 bei: 20 LeP, 13 LeP, 6 LeP, 5 LeP oder weniger

Die Elefantendame Travide

Travide ist ein friedliches Tier und wird als Lastentier eingesetzt. Sie kann bis zu 500 Stein problemlos transportieren und hört nur auf die Befehle von Huudu-Jutatla. Möchte ein Held versuchen, ihr einen Befehl zu geben, ist eine Probe auf *Tierkunde (domestizierte Tiere)* –3 notwendig.

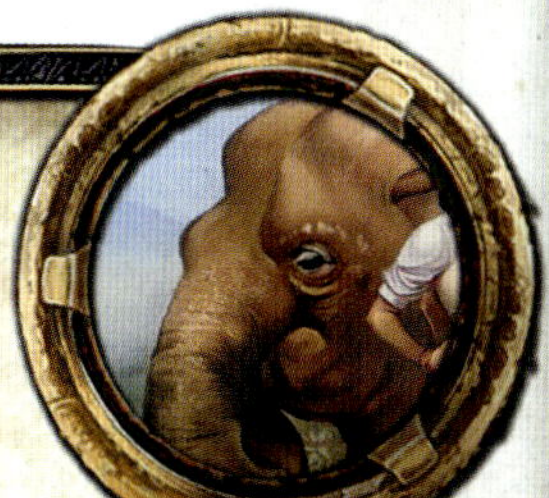

Travide, die Elefantendame
Größe: 2,00 bis 2,50 Schritt Schulterhöhe
Gewicht: 2.500 bis 3.500 Stein
MU 13 **KL** 13 (t) **IN** 13 **CH** 13
FF 12 **GE** 11 **KO** 23 **KK** 28
LeP 350 **AsP** – **KaP** – **INI** 12+1W6
VW 3 **SK** 0 **ZK** 5 **GS** 12
Rüssel: AT 14 **TP** 1W6+4 **RW** lang
Stoß: AT 12 **TP** 2W6+3 **RW** lang
Trampeln: AT 6 **TP** 2W6+10 **RW** kurz
Überrennen: AT 8 **TP** 2W6+4 **RW** kurz
RS/BE: 4/0
Aktionen: 2 (max. 1 x Überrennen, 1 x Trampeln)
Vorteile/Nachteile: (empfohlen: Geduldig, Lernfähig) / (empfohlen: Lieblingsding)
Sonderfertigkeiten: Klammergriff (Rüssel), Mächtiger Schlag (Stoß), Schildspalter (Stoß), Trampeln (Trampeln), Überrennen (Überrennen), Wuchtschlag I+II (Rüssel, Stoß)
Talente: Einschüchtern 11, Klettern (keine Probe erlaubt; Elefanten können nicht klettern), Körperbeherrschung 6, Kraftakt 16, Selbstbeherrschung 7, Sinnesschärfe 6, Verbergen 0, Willenskraft 7
Größenkategorie: riesig
Typus: Tier, nicht humanoid
Beute: 2.500 Rationen Fleisch, Trophäe (Stoßzahn, 200 Silbertaler)
Kampfverhalten: Elefanten sind im Grunde friedliche Tiere und meiden Konflikte. Sollten sie aber in die Enge getrieben oder ein einzelnes Mitglied der Herde bedroht werden, greifen sie gemeinsam ihre Gegner an und versetzen ihnen Stöße mit ihren Stoßzähnen.
Flucht: Verlust von 50 % der Lebenspunkte
Schmerz +1 bei: 263 LeP, 175 LeP, 88 LeP, 5 LeP oder weniger
Jagd: –4
Sonderregeln:
Packesel: Elefanten können ein Gewicht von bis zu 500 Stein tragen.

INS GRÜNE

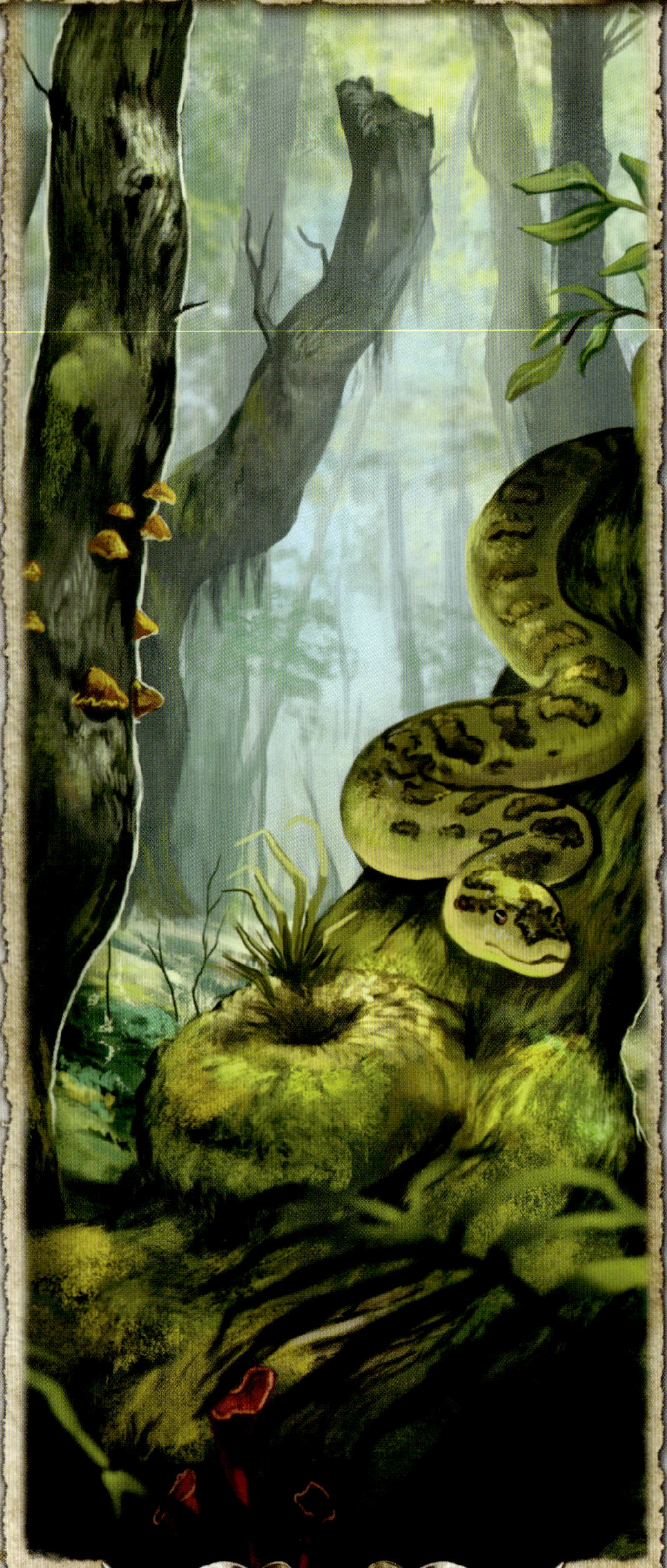

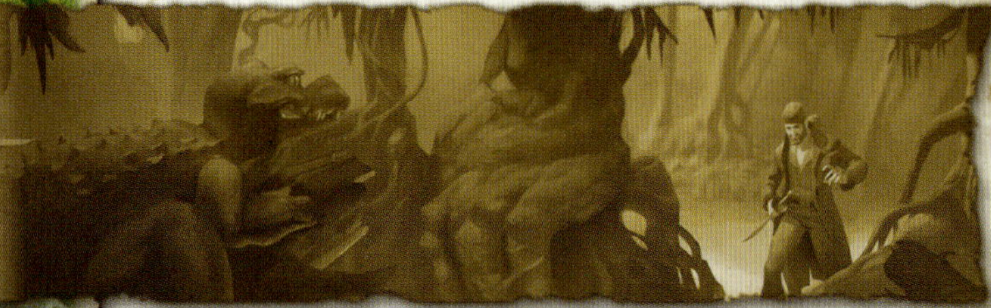

Dieses Kapitel beschreibt die Reise durch den Dschungel. Es dient dem Kennenlernen des Dschungels, der Chirakah und Mareks. Die Reise sollte zunehmend anstrengender werden, Überlebensfähigkeiten wichtiger. Während die Helden durch giftige Pflanzen, hungrige Tiere und die menschlichen Schwächen ihrer Mitreisenden gequält werden, erfahren sie mehr über Mareks Vergangenheit und das Dorf der Anoiha. Als die Lage schließlich vollends verzweifelt ist, bleibt ihnen nichts anderes übrig, als Hilfe bei Tiki-Tas Leuten zu suchen.

Schlüsselinformationen
Diese Informationen sollten die Helden bis zum Ende des Abschnitts auf jeden Fall erhalten:

- Auf dem Weg zum Tempel liegt ein Dorf der Anoiha.
- Nur Marek kennt den Weg dorthin, weil er das Dorf schon einmal besucht hat.
- Marek will die Schamanin der Anoiha nicht wiedersehen, darum versucht er, das Dorf zu umgehen.
- Die Anoiha können helfen, wo die Chirakah nicht weiterwissen.

Allgemeines

Die folgenden Module geben Anhaltspunkte, wie du Spielmechanismen nutzen kannst, um die Reise möglichst plastisch erlebbar zu machen und Eintönigkeit zu vermeiden. Unterschätze hierbei nicht den erzählerischen Nutzen von Ritualen: Regelmäßig wiederkehrende Elemente wie morgendliches *Orientieren*, Suche nach Schutz vor dem täglichen Platzregen oder Waffenpflege am Lagerfeuer können helfen, die Tage zu strukturieren. Sind diese (uninteressanten) Routinen einmal etabliert, können sie den Rahmen für die eigentlich wichtigen Ereignisse bilden und den Spielern ein Gefühl von Kontrolle geben – das du durch Brechen der Routinen wiederum wirkungsvoll unterlaufen kannst.

Die Reiseroute

Von Port Corrad reisen die Helden auf einem kleinen Dschungelpfad für 9 bis 10 Tage (etwa 100 Meilen) nach Süden, bis sie die Siedlung Vey erreichen. Hierbei durchqueren sie das Gebiet der Shuritakha und passieren eine Handvoll befestigter Dörfer, die vom Handel zwischen Port Corrad und Mirham leben. In Vey kann zum letzten Mal Ausrüstung aufgestockt werden, das Angebot ist jedoch bescheiden, weil der letzte Besuch einer Karawane schon ein paar Wochen zurückliegt.

Ab Vey geht es querfeldein 4 bis 5 Tage lang (etwa 40 Meilen) südwestlich durch das Stammesgebiet der Anoiha, bis die Expedition den Fuß des Regengebirges erreicht. Das Gelände wird uneben, die Orientierung zunehmend schwieriger (siehe Seite **16**).

Nun geht es sehr langsam voran, nur 1 bis 2 Meilen pro Tag, mal durchs Gebirge, mal durch dicht bewachsene Täler voller Farne, Lianen und Baumriesen. Wie lange die Reise in dieser Umgebung dauert, hängt davon ab, wie schnell die Helden Marek von einem Besuch bei den Anoiha überzeugen. Dies kann durch schleichende Vergiftungen, zermürbende Kämpfe gegen Dschungelbewohner oder heimtückische Krankheiten begünstigt werden (siehe unten).

Pro Tag sind grob acht Stunden Wanderung veranschlagt, neun Stunden Nachtruhe sowie drei weitere Stunden für Kochen und Lagern. Somit stehen täglich vier Stunden für andere Tätigkeiten zur Verfügung, üblicherweise Fertigkeitsproben oder Gespräche.

Die Ausrüstung

Das langsame Aufreiben der Expedition kann insbesondere durch Verbrauch und Verlust von Ausrüstung sichtbar gemacht werden – insbesondere, wenn man auf hohem Niveau startet. Elefantendame Travide ist stark, und Marek hat sich die luxuriöse Ausrüstung für seine letzte Reise einiges kosten lassen, sodass die Tragkraft des Tiers voll ausgenutzt wird. Zu ihrem Beginn mangelt es weder an Verbands- noch an Werkzeug, Zelten und Hängematten, Seilen oder der Moskitos vertreibenden Egelschreckpaste (50 Anwendungen). Sogar eine Blendlaterne, einen

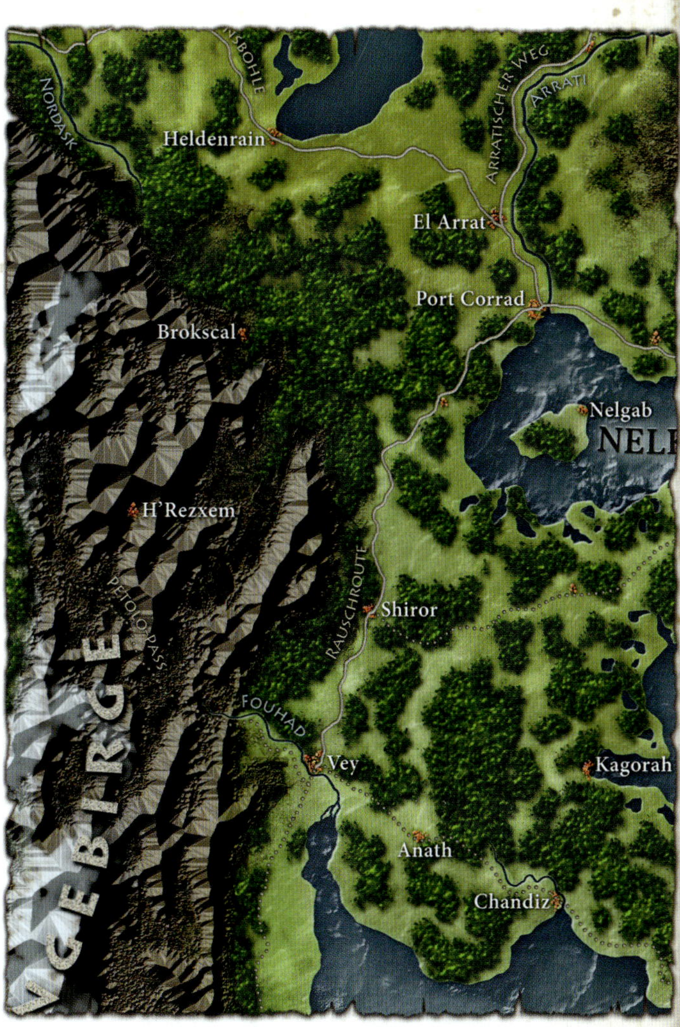

Südweiser und 1W6+6 Portionen Sansaro-Essenz, die Ansteckung mit Krankheiten verhindert, hat Marek besorgt. Zudem besitzt Marek eine kleine Kiste mit nicht weniger als 1W6+7 Heiltränken (QS 4, je 1W6+4 LeP) und 1W6+4 Antidoten (QS 4, wirkt bis maximal Giftstufe 4). Den

Egelschreckpaste

Der Egelschreck wird komplett zerrieben und zur Verbesserung der Streichfähigkeit mit Fett oder Öl vermengt. Auf den Körper aufgetragen hält die Paste alle profanen Parasiten für einen Tag fern. Alle Zecken und Egel, die bereits am Körper sitzen, fallen bei Kontakt mit der Paste ab. Auf eine kleine Wunde gerieben regeneriert eine Anwendung Egelschreckpaste zudem sofort 1 LeP, jedoch nur einmal pro Tag.

Sansaro-Essenz

Die aus Sansaro gewonnene Essenz schützt den Anwender 24 Stunden lang vor der Ansteckung mit Krankheiten. Ausgenommen hiervon sind übernatürliche Krankheiten. Dafür wird die Pflanze in Alkohol gekocht und mehrfach gesiebt.

Schlüssel dafür trägt er um den Hals, das Schloss erfordert eine Probe auf *Schlösserknacken (Bartschlösser)* –4. Dieser Vorrat ist nur für Notfälle gedacht, und insgeheim hegt Marek die Hoffnung, dass die Helden sie erst nach seinem Tod bei der Erforschung des Tempels nutzen werden.

Ausrüstung als Ressource
Um die Verwaltung der Ausrüstung zu erleichtern, handhabt dieses Abenteuer sie als Ressource. Hierfür wird auf den Ausrüstungswert zurückgegriffen. Bei einem anfänglichen **Ausrüstungswert von 6** (dieser Wert wird später noch gebraucht) – Marek hat keine Kosten gescheut – besitzt die Expedition **600 Ausrüstungspunkte.** Nicht eingerechnet sind hier Waffen und Rüstungen sowie persönliche Besitztümer der Helden, die nicht eigens für die Expedition angeschafft wurden. Jeder Ausrüstungspunkt entspricht etwa einem halben Stein Gewicht.
Ausrüstungspunkte simulieren Verlust und Verschleiß durch Benutzung, Wetterumstände und besondere Ereignisse. Für jeweils 100 verlorene Punkte sinkt der Ausrüstungswert um 1. Die Helden sollten sich einigen, wer wie viele dieser Punkte mit sich führt, wobei Travide wahrscheinlich den Hauptteil transportiert. Wird ein bestimmter Ausrüstungsgegenstand benötigt, sei es Werkzeug, Heilmittel oder Luxusartikel, kannst du eine Probe auf den Ausrüstungswert verlangen, um festzustellen, ob der Gegenstand zerstört oder verloren wurde. Gerade zu Anfang des Abenteuers sollten solche Proben öfters abgelegt werden – besonders in kritischen Situationen, um den Wert guter Ausrüstung für die Spieler fühlbar zu machen.
Pro Tag gehen wegen der extremen Wetterbedingungen im Dschungel 1W6+4 Ausrüstungspunkte automatisch verloren, weil Material angegriffen und verbraucht wird. QS aus Proben auf *Holzbearbeitung, Lederbearbeitung, Pflanzenkunde* oder *Metallverarbeitung* können angerechnet werden, um diesen Verlust auszugleichen. Hierbei dauert eine Probe 2 Stunden. Andere Ausrüstungsverluste sind permanent.

Verpflegung
An Nahrung mangelt es im Dschungel nicht, solange sich dschungelkundige Jäger und Kräutersammler finden. Marek hat zudem in Gewürze und Kochutensilien investiert, als gäbe es kein Morgen mehr. Ein fähiger Koch hat genügend Ausrüstung zur Hand, um schmackhafte Schlangenragouts, Bananen, geröstete Käferchen, Manjokpfannen oder Affenhirnspieße zu servieren.
Helden können Proben auf *Pflanzenkunde (Nutzpflanzen)* ablegen, um pflanzliche Nahrung zu suchen, sowie Proben auf *Fährtensuchen (Wildtiere)*, um Tierspuren zu entdecken. Danach ist eine Jagd auf das entsprechende Tier notwendig. Jede erzielte QS entspricht einer Tagesration Nahrung.
Eine misslungene Probe in *Lebensmittelbearbeitung* kostet 1W6 Ausrüstungspunkte, weil wertvolle Zutaten verschwendet, Werkzeuge beschädigt oder Vorräte unsachgemäß gelagert wurden.

Lager
Marek hat Zelte besorgt, in denen sowohl die Helden als auch die Chirakah unterkommen können. Die größte Herausforderung bildet neben der richtigen Auswahl des Lagerplatzes das Entfachen eines Feuers, das wilde Tiere fernhält. Die Chirakah legen Seile um die Lagerstellen, die Schlangen fernhalten sollen, und bestreichen die Seile ihrer Hängematten mit einer klebrigen, stinkenden Paste, um Ungeziefer fernzuhalten, das auf Baumrinden entlangkriecht.
Die Zelte werden in erster Linie verwendet, um der Expedition und insbesondere der Ausrüstung Schutz vor dem Platzregen zu bieten, der den Dschungel einmal täglich beehrt. Wer auch darin schlafen will, sollte sich überlegen, wie er die allgegenwärtigen Krabbeltiere von seinem Lager fernhält.
Eine Probe auf *Wildnisleben (Lagersuche)* pro Tag ist notwendig, um einen guten Lagerplatz zu finden. Die Probe ist wegen der Umgebung um –2 Punkte erschwert. Ein Misslingen bedeutet, dass die Regeneration (LeP, AsP, KaP) für die Ruhephase um 1 Punkt vermindert ist. Eine gescheiterte Probe in *Wildnisleben* kostet außerdem 1W6 Ausrüstungspunkte, weil beispielsweise Planen, Matten oder Seile reißen, Stangen und Gestelle brechen, dadurch Reparaturen notwendig werden, man Gegenstände unachtsam lagert und im Schlamm versinken lässt.

Orientierung
Die Chirakah erklettern die hohen Baumwipfel, um sich regelmäßig zu orientieren und die geringe Sichtweite im Dschungel auszugleichen. Angriffe von Tieren sind in dieser Situation besonders tückisch.
Ab Vey kennt nur Marek den genauen Weg. Anhand von Zeichnungen aus seinem Notizbuch lassen sich in der Ferne bestimmte Felsformationen und auffällige Baumbestände ausmachen, die bei der Wegfindung helfen.
Proben auf *Orientierung* sind notwendig, um die richtige Himmelsrichtung beizubehalten, Umwege zu vermeiden und keine Zeit zu verlieren. Diese können modifiziert werden:
- Dickicht im Dschungel: –2
- Gebirge mit Dschungel: –1
- Pfad im Dschungel: +1
- Gebirge ohne Dschungel: +2

In der Nacht sind die Proben zusätzlich um –4 erschwert, bei Nebel oder Regen ebenso. Marek kann zwar Kartenmaterial zur Verfügung stellen, allerdings verleiht es nur selten Erleichterungen (maximal +1).
Gescheiterte Proben kosten einen Tag Reisezeit zusätzlich (und 1W3 Ausrüstungspunkte).

> **Wildnisführer und Heldentalente**
> Grundsätzlich sollten die Helden möglichst viele und die Chirakah möglichst wenige Fertigkeitsproben auf Talente ablegen, damit die Helden wesentlich zum Gelingen der Reise beitragen. Da aber die Waldmenschen als Führer angeheuert wurden, sollen die folgenden Vorschläge helfen, die Helden einzubinden.
>
> - Grundsätzlich können auch die Chirakah helfen, in diesem Fall lege für sie entsprechende Proben ab.
> - Die wesentlichen Proben legt Kote-Kutaq ab, dessen Fähigkeiten aus verschiedenen Gründen eingeschränkt sein können: Verletzung, Übernächtigung, Krankheit und vor allem Trunkenheit oder Entzug. Hier müssen Helden gegebenenfalls einspringen. Marek kann den Chirakah zunehmend misstrauen und wildniskundige Helden bitten, ihre Sorgfalt mit eigenen Proben zu überprüfen sowie eventuelle Fehler zu korrigieren.
> - Wenn es Streit in der Expedition gibt, halten die Chirakah zusammen und weigern sich eine Zeit lang, bestimmte Proben abzulegen.

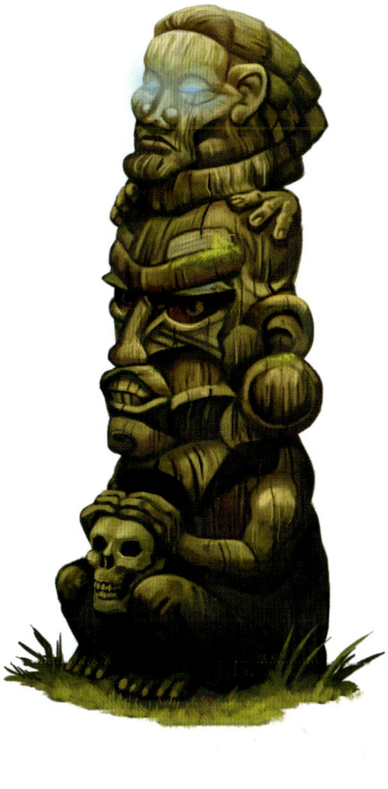

Krankheiten und Gifte

Wenn auch grundsätzlich Vorsicht im Umgang mit diesem Spielelement anzuraten ist, verdienen Krankheiten in diesem Abenteuer besondere Aufmerksamkeit. Im Dschungel besteht eine hohe Wahrscheinlichkeit, mit Brabaker Schweiß infiziert zu werden – sofern man kein Waldmensch und dadurch immun ist. Noch wahrscheinlicher ist eine Ansteckung mit dem schleichenden Blutigen Rotz.

Krankheiten sind ein wichtiges Werkzeug, um die Gruppe in eine verzweifelte Lage zu bringen und Marek zum Einlenken zu bewegen. Insbesondere die Chirakah eignen sich, um die Gefährlichkeit von Krankheiten und Giften zu zeigen, ohne den Helden zu sehr zu schaden.

Die Regeln zu Giften und Krankheiten findest du im **Regelwerk** auf Seite **341** bzw. **343**.

Krankenpflege kostet pro Tag und gepflegter Person 1W6 Ausrüstungspunkte, weil ein besonderes Lager geschaffen, das Umfeld besonders gereinigt werden muss und man seltene Heilmittel verbraucht.

Gifte sind von ähnlicher Tücke wie Krankheiten, aber meist noch gefährlicher, weil sie deutlich schneller wirken. Sofern die Helden ihnen nichts entgegenzusetzen haben, kann Leri-Tamtam-Sun ein wenig Abhilfe schaffen. Mit Krankheiten kennt sie sich jedoch weniger aus. Jede Behandlung einer Vergiftung kostet 1W3 Ausrüstungspunkte, weil ein besonderes Lager geschaffen werden muss und man gegebenenfalls seltene Heilmittel verbraucht.

Verlust von Ausrüstungspunkten

Ereignis	Verlust
Tägliche Abnutzung	1W6+4
Proben gegen tägliche Abnutzung	davon QS wiederherstellen
Lebensmittelbearbeitung misslungen	1W6
Orientierung misslungen	1W3
Wildnisleben misslungen	1W6
1 Giftbehandlung	1W3
1 Tag Krankenpflege	1W6
Zufallsbegegnung	1W6

Blutiger Rotz
Stufe: 3
Verlauf: Mund- und Rachenschleimhäute schwellen an, rötlichbrauner Schleim wird abgesondert, begleitet von Hustenanfällen und leichtem Fieber. In manchen Fällen kann blutiger Rotz zu einer Erkrankung an Blauer Keuche führen (1–2 auf 1W20, 10 %, siehe **Aventurischer Almanach** Seite **127**).
Widerstand: Zähigkeit
Inkubationszeit: 3 Tage
Schaden: alle drei Tage 1 Stufe *Betäubung*, 1 SP pro Tag / 1 Stufe *Betäubung*, dazu 1 SP pro Tag
Dauer: 10 Tage / 3 Tage
Ursachen: langer Aufenthalt im Regenwald, mindestens 2 Wochen (1–2 auf 1W20, 10 %), Nähe eines Kranken (1–5 auf 1W20, 25 %)
Behandlung: Bettruhe, Hausmittel, dadurch wird der Verlauf um 2 Tage reduziert.
Gegenmittel: eine geheime Mischung aus verschiedenen Kräutern des Regengebirges (nur bei Schamanen und Animisten der Waldmenschenstämme bekannt)

Sumpffieber oder Brabaker Schweiß
Stufe: 3
Verlauf: Wahnvorstellungen, panische Angst, dann nach einigen Stunden einsetzender, lang andauernder Halbschlaf, Fieberschübe, die am dritten Tage ihren Zenit erreichen und danach wieder abflauen. Der Kranke ist die meiste Zeit bewusstlos.
Widerstand: Zähigkeit
Inkubationszeit: 1 Tag
Schaden: Am 1. Tag 1W6 SP, am 2. Tag 2W6 SP, am dritten Tag 3W6 SP, am vierten Tag 2W6 SP und am fünften Tag 1W6 SP. Der Kranke erleidet pro 3 Stunden 1 Stufe *Betäubung*. Am ersten Tag werden eventuell Ängste (falls entsprechende Nachteile vorhanden sind) ausgelöst.
Dauer: 5 Tage / 3 Tage
Ursachen: Bisse von Sumpfgeziefer (1 auf 1W20, 5 %), Moskitostiche (1 auf 1W20, 5 %), Pflege eines Erkrankten (1 auf 1W20, 5 %)
Besonderheiten: Am Sumpffieber kann man nur einmal im Leben erkranken. Danach erhält der Held kostenlos den Vorteil *Immunität (Sumpffieber)*.
Behandlung: Bettruhe und allgemeine Fieberfürsorge (1 SP pro Tag weniger)
Gegenmittel: frische oder getrocknete und wieder aufgeweichte Donfstengel zerkauen (Dauer –2 Tage)

Zufallsbegegnungen

Der Dschungel ist voll von Leben, dementsprechend viele Begegnungen könnten theoretisch stattfinden. Es ist Kote-Kutaqs Aufgabe, die Anzahl dieser Begegnungen gering zu halten und gefährliche Situationen zu umgehen. Das nachfolgend beschriebene Verhalten soll merkwürdig erscheinen und dokumentieren, dass der Dschungel eine gefährliche Umgebung ist. Du kannst es benutzen, um Szenen zu unterbrechen, unter Spannung aufzubauen oder auch um durch Wiederholung Eskalationen zu provozieren. Kote-Kutaq kann überraschend anhalten und beispielsweise ...

- ... lauschen.
- ... einem Helden den Mund zuhalten.
- ... sich auf die Erde legen und irgendwohin starren.
- ... seine Waffe ziehen.
- ... den Ruf eines Tieres imitieren.
- ... in die Hocke gehen und dort lange verharren.
- ... sich ins Gebüsch schlagen.
- ... einem Helden ein unverständliches Zeichen geben.
- ... Huudu-Jutatla bedeuten, den Elefanten zu beruhigen.
- ... Leri-Tamtam-Sun eine beleidigende Geste zuwerfen, die daraufhin gewissenhaft nickt.
- ... eine Frucht pflücken, zerquetschen und ihren Saft auf den Boden oder auf ein Blatt schmieren.
- ... eine Liane verknoten oder Blätter auf bestimmte Weise abreißen.
- ... einen Stein oder Ausrüstungsgegenstand weit in den Dschungel werfen.

Anschließend kann er den Weg fortsetzen, eine andere Route wählen, einfach abwarten oder den Helden bedeuten, das Gleiche zu tun wie er. Sprechen ihn die Helden darauf an, antwortet er einsilbig oder geheimnisvoll („Sie sind nicht hier“, „Die Schlange ist kleiner als der Tiger“, „Hörst du den großen Blättergeist?“ und so weiter).

Wenn die Helden Glück haben, passiert daraufhin gar nichts. Kote-Kutaq war erfolgreich und die Reise geht weiter. Bei 1–3 auf 1W6 jedoch müssen sie sich mit einer der folgenden Gefahren auseinandersetzen (1W20, bei Pflanzen sollte es zuerst wie falscher Alarm aussehen). Achte darauf, dass Angriffe sich durchaus auch gegen die Chirakah oder Travide richten können, nicht ausschließlich gegen die Helden. Marek sollte hier am wenigsten Schaden nehmen.

Pro Tag sollte durchschnittlich eine echte Begegnung (also doppelt so viele Warnungen) stattfinden. Jede Zufallsbegegnung kostet 1W6 Ausrüstungspunkte, indem Taschen und Gegenstände im Kampfgeschehen beschädigt werden.

Zufallsbegegnungen (1W20)	
1	Dschungeltiger (Tiger)
2–5	Baumspinnen
6–7	Feindselige Waldmenschen
8–9	Riesenamöbe
10–12	Würgeschlange
13–14	Mysobvipern
15–17	Baumdrache
18–19	Fleckenpanther (Jaguar)
20	Riesenkaiman

Die Wertekästen dieser Gegner sind im Anhang ab Seite **54** zu finden.

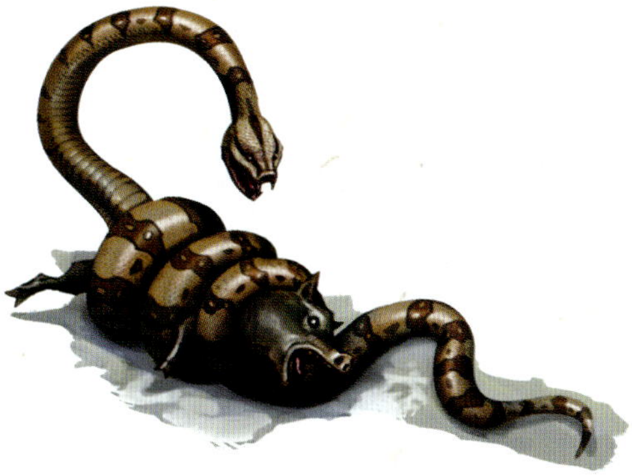

Szenen mit Marek

Mareks Vergangenheit ist ein wichtiger Schlüssel zum Verständnis der Hintergründe und des Finales. Schaffe regelmäßig Gesprächssituationen, die du durch kleine Elemente wie beispielsweise Mareks Pfeifenstopfritual oder den immer gleichen Einleitungssatz („Habt Ihr Euch nicht auch schon oft gefragt ..." oder „Was meint ihr, würde Rohal der Weise tun, wenn ...") zur Gewohnheit machen kannst. Nimm dafür die Ereignisse des vergangenen Tages zum Anlass.

Gespräche

Es ist nicht einfach, persönliche Informationen aus Marek herauszubekommen. Hierfür sind Proben auf *Bekehren & Überzeugen* –2 notwendig. Pro Tag ist nur eine Probe gestattet. Der befragende Held kann selbst entscheiden, über welches Thema er mit Marek sprechen möchte, und nur zu diesem Thema sammelt er QS. Mit der entsprechenden Anzahl an QS kann er im Verlauf des gesamten Abenteuers Folgendes herausfinden:

Informationen von Marek

QS	Mareks Gefühle	Die Expedition	Der Tempel
1	Marek trauert um eine verlorene Liebe.	Marek hat den Helden bei der Anwerbung nicht alles erzählt.	Der Tempel ist uralt.
2	Er hat sie vor dreizehn Jahren verloren.	Sein eigentliches Anliegen ist sehr persönlicher Natur.	Nach seinen Erbauern, den Echsen, hausten dort die mysteriösen Wudu.
3	Sie lebte im Dschungel.	Marek führt das Idol mit sich.	Die Wudu führten nekromantische Rituale durch.
4	Sie war eine Anoiha.	Im Museum hat er eine Fälschung platziert.	Der Tempel wurde aus dem Gestein einer nahe gelegenen Schlucht erbaut.
5	Sie war eine Schamanin.	Ziel der Expedition ist es, das Idol an seinen Ursprungsort zurückzubringen.	Er liegt in einer Tabuzone, weil er wirklich gefährlich ist.
6	Ihr Name war Tiki-Ta, das bedeutet „kleine Schildkröte".	Das Idol ist Teil von etwas viel Größerem.	Als Marek dort war, wimmelte es von Feinden und überall waren Fallen.
7	Er hat sie sitzenlassen. Das wird sie ihm nie verzeihen.	Die Schlucht in der Nähe des Tempels spielt dabei eine wesentliche Rolle.	Die Feinde waren untot.
8	Er verließ sie wegen des Idols. Damals hielt er die Wissenschaft für wichtiger als die Liebe.	Die Schlucht ist ein magischer, vermutlich dämonischer Ort.	Das Auftauchen der Untoten hatte etwas mit dem Diebstahl des Idols zu tun.
9	Er hat ihr und ihrem Stamm etwas noch viel Schlimmeres angetan, von dem sie nichts weiß.	Marek rechnet nicht damit, die Expedition zu überleben.	Das Allerheiligste des Tempels ist ein magisches Gefäß. Das Idol ist sein Verschluss.
10	Marek will diesen Fehler um jeden Preis wieder gutmachen.	Um sein Leben und Tiki-Tas Dorf zu retten, ist Marek einen schrecklichen Handel mit der Schlucht eingegangen.	Im Tempel treffen die Machtbereiche zweier Erzdämonen aufeinander.

Analyse Mareks

Magische Analyse

QS1: An Mareks Astralkörper ist ein mächtiger Zauber mit den Merkmalen *Einfluss*, *Dämonisch* und *Temporal* gebunden. Eine Repräsentation ist nicht erkennbar.
QS 2: Für dämonische Verhältnisse ist der Zauber sehr geordnet und weist klar in eine Richtung. Diese entspricht der Reiseroute. Seine Strukturen sind netzartig, wobei die Seele dieses Netz zu versiegeln scheint. An diesem Netz wird Marek vorangezogen, und dieser Zug wird allmählich stärker.
QS 3: Gelegentlich zuckt eine andere dämonische Struktur innerhalb des Netzes: chaotische Thargunitoth-Effekte, die das Netz offenbar blockiert.

Spricht ein Held Marek auf den Pakt an, wird dieser zunächst alles leugnen. Diese Information entspricht jedoch einem Wert von mindestens 6 QS in der obenstehenden Tabelle. So berichtet Marek recht bald, was vor dreizehn Jahren geschehen ist. Dem Helden, den er ins Vertrauen zieht, nimmt er aber zuvor ein Versprechen zur Geheimhaltung ab. Ab hier obliegt es dem Helden, das Geheimnis zu bewahren oder nicht. Daran kann sich entscheiden, ob Marek auf seinem Bußgang unterstützt und Tiki-Tas Volk gerettet werden soll oder ob man lieber die Expedition abbricht, ihn alleine weiterziehen und die Bewohner des Dschungels von einem ungebundenen Yaq-Hai heimsuchen lässt.

Paktbruch
Da Marek seinen Fehler eingesehen hat und im Grunde einverstanden ist, dafür zu büßen, wird er sich nicht auf einen Paktbruch einlassen. Zudem spürt er, dass er dadurch nicht nur die ganze Expedition gefährden, sondern auch die Tschumbies loslassen würde. Erst durch Tiki-Tas Einfluss kann sich diese Haltung ändern (siehe Seite **32**).

Analyse des Idols

Eine Analyse des Idols des Kaujok-Limi ist schon deshalb schwierig, weil Marek es nicht herausrücken will. Wenn es die Helden trotzdem in die Finger bekommen, enthüllt eine magische Analyse:

Magische Analyse

QS 1: Das Idol trägt einen Zauber mit den Merkmalen *Einfluss*, *Dämonisch* und *Temporal* in schamanistischer Repräsentation. Er ist sehr schwach.
QS 2: Es diente als Verschluss für ein sehr großes magisches Gefäß. Das Gefäß wurde geöffnet, seine magischen Strukturen, die es mit dem Idol verbanden, wurden hart gekappt. Die restliche Astralkraft tröpfelt aus dem Idol und wird in ein bis zwei Jahren völlig verschwunden sein. Bis dahin kann das Gefäß wieder geschlossen werden.
QS 3: Das Gefäß hielt thargunitothische Essenz gefangen, die auch die Kappung der Strukturen vorgenommen hat, als das Gefäß geöffnet wurde. Die Wiederverschließung ist noch immer möglich, wenn Gefäß und Idol am richtigen Ort zusammengeführt werden. Wenn das Gefäß potent genug und Thargunitoths Macht in der Nähe ist, wird es von selbst genügend Sog entwickeln, diese Macht einzusaugen und sich von selbst zu verschließen.

Eine andere Route

Früher oder später werden die Helden die Hilfe der Anoiha brauchen. Doch Marek lässt sich nur schwer von seinem Plan abbringen, Tiki-Tas Dorf zu umgehen. Da Marek als einziger die Lage des Dorfes kennt, muss er überzeugt werden, vom eigentlichen Weg abzuweichen. Dazu muss einem Helden eine Sammelprobe gelingen. Pro Tag kann ein Held eine Probe auf *Bekehren & Überzeugen* oder *Überreden* ablegen, um seinen Einfluss auf Marek zu vergrößern. QS aus *Bekehren & Überzeugen* zählen doppelt.
Nachdem Marek überzeugt wurde, dauert die Reise noch 1W3 Tage. Ehe jedoch ein Held dahinzusiechen droht, sollte Marek noch ein oder zwei Heilmittelchen in seinem geheimen Vorrat finden, um den Weg zu den Anoiha zu überbrücken. Gegebenenfalls kannst du hierfür auch die Erschwernisse anpassen oder den restlichen Weg verkürzen.

QS	Mareks Zugeständnis	Mareks Gegenargument
2	Marek erwähnt, dass er ein Anoiha-Dorf kennt, das auf dem Weg liegt.	Es ist viel zu weit weg vom Standort.
4	Marek räumt ein, dass diese Anoiha sehr freundlich zu ihm waren.	Eventuell sind die Anoiha längst umgezogen.
6	Marek erwähnt, dass es dort vor über zehn Jahren eine heilkundige Schamanin gab.	Bei Schamanismus muss man auf der Hut sein. Bei seiner letzten Reise hätte ihn diese Zauberei fast umgebracht.
8	Marek gibt zu, dass die Expedition Hilfe benötigt.	Die Anoiha haben mit Marek noch eine Rechnung offen.
10	Marek zeigt den Helden den Weg zum Dorf.	–

Bestimmte Ereignisse können Mareks Vertrauen in die Helden oder seine Einsicht in die Notlage vergrößern, sodass sie einen Gegenwert in QS haben. Pro Tag kann nur ein Ereignis, nämlich das jeweils gravierendste, geltend gemacht werden.

Ereignis	Wert in QS
Tod eines Reisenden	3
Schwere Verletzungen mehrerer Reisender	2
Erkrankung eines Reisenden, die nicht von der Expedition geheilt werden kann	2
Verlust der Elefantendame	2
Ein Reisender verlässt die Gruppe	1
Verlust mindestens der halben Ausrüstung	1
Ansteckung eines weiteren Reisenden	1

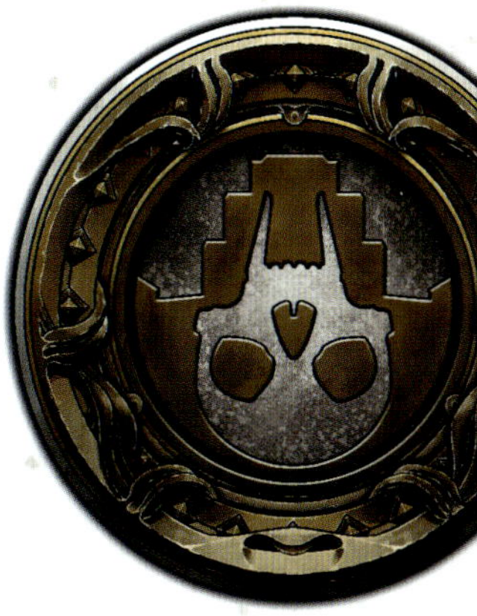

Weitere Ereignisse

Die folgenden Szenen können sich ereignen, sofern du sie für hilfreich hältst. Sie dienen dazu, den Aufenthalt im Dschungel noch unangenehmer zu machen und der Expedition langsam die Ausrüstung zu nehmen.

Wegzoll

Die Expedition begegnet misstrauischen Oijaniha oder Anoiha. Die Waldmenschen machen sich durch einschlagende Pfeile bemerkbar oder durch tückische Schlingenfallen, die an elastische Bäume gebunden einzelne Reisende in die Höhe reißen (*Sinnesschärfe (Suchen)* –3 oder *Sinnesschärfe (Wahrnehmen)* –5).

Die Waldmenschen verlangen Bezahlung für das Durchqueren ihres Territoriums. Sie sind besonders an Waffen und Werkzeug aus Metall interessiert, und es ist nicht einfach, sie herunterzuhandeln.

Es können durchaus mehrere solcher Begegnungen stattfinden. Die Waldmenschen verlangen 3W20 Ausrüstungspunkte Wegzoll. Wer sich mit ihnen verständigen kann, darf eine Probe auf *Handel* ablegen und die dreifache QS von diesem Wert abziehen. Wer Tahaya als Sprache beherrscht, bekommt bei der Probe eine Erleichterung von jeweils +1 pro Stufe der Sonderfertigkeit.

Travides Flucht

Die Helden reisen durch das Territorium einer Otan-Otan-Sippe. Zunächst machen die Tiere nur enormen Krach, doch je weiter die Helden voranschreiten, desto aggressiver werden sie und beginnen mit Kokosnüssen (FK 8, 1W6 TP) und Fäkalien (FK 6, Status Übler Geruch) nach ihnen zu werfen. Feuer und Magie sind besonders geeignet, um sie zu vertreiben, ansonsten sind Verstecken und Abwarten die sinnvollste Lösung, sofern man nicht gegen die Tiere kämpfen will. Die 1W6+3 Otan-Otans lassen sich nicht auf Kämpfe ein, sondern ziehen sich in der Regel bei Gegenmaßnahmen seitens der Helden zurück.

Diese Begegnungen wiederholen sich und machen Travide zunehmend unruhig. Anfangs gelingt es Huudu-Jutatla noch, die Elefantendame durch gutes Zureden im Zaum zu halten. Doch ab der zweiten Begegnung mit den Affen werden unterstützende Proben auf *Tierkunde (domestizierte Tiere)* der Helden nötig. Muss anfangs die Probe noch nicht erschwert werden, wird sie jedes Mal um 1 Punkt schwerer. Pro 5 Minuten, die ein Angriff dauert, kann eine solche Probe abgelegt werden, während Travide nach 1W6 x 5 Minuten panisch das Weite sucht, sofern sie nicht beruhigt wurde. Reisende, die im Weg stehen, müssen sich per AW in Sicherheit bringen, um nicht 2W6 TP Schaden zu nehmen.

Die Elefantendame hinterlässt eine breite Spur. Sie kann nach ein paar Stunden wiedergefunden und von Huudu-Jutatla beruhigt werden. Bei ihrer Flucht verliert Travide jedoch 3W20+25 Punkte Ausrüstung. Es können 1W6+3 Proben in *Fährtensuchen* abgelegt werden, um diese wiederzufinden. Jeder QS entsprechen 1W3 geretteter Ausrüstung, der Rest ist verloren oder zerstört.

Neuer Status: Übler Geruch

Dieser Status sorgt dafür, dass der Held extrem unangenehm riecht. Proben auf Gesellschaftstalente (außer *Einschüchtern*, *Menschenkenntnis* und *Willenskraft*) sind, wenn nichts anderes angegeben, für 1 Woche um –1 zusätzlich zu eventuellen anderen Modifikatoren erschwert. Der Geruch lässt sich nicht abwaschen, nur durch andere starke Gerüche wie Parfüm für maximal 1 Stunde überdecken.

Treibsand!

Eine Attacke durch ein wildes Tier lässt die Elefantendame erneut durchgehen. Krachend flieht das Tier durch den Urwald. Travides Flucht endet in einem großen Loch voller Treibsand, aus dem sich die Elefantendame nicht selbst befreien kann. Es dauert (1W6 + 4) x 5 Minuten, bis Travide vollkommen im Treibsand versunken ist. Bis dahin kann man versuchen, sie zu retten. Hierzu muss man eine Gruppensammelprobe auf *Kraftakt (Ziehen & Zerren)* –4 schaffen. Die Erschwernis kann aufgrund guter Ideen oder passender Ausrüstung um bis zu 2 Punkte verringert werden. Jede gewürfelte Probe dauert 5 Minuten.

Statt dieser Vorgehensweise ist auch der Einsatz von Dschinnen oder Zaubern wie PARALYSIS und MOTORICUS hilfreich. Belohne die Kreativität deiner Spieler durch Probenerleichterungen oder mehr gerettete Ausrüstung.

Travide hat Glück und kann sich mit dem Rüssel an einer hängenden Liane festhalten. Das erhöht die Anzahl der 5-Minuten-Runden bis zu ihrem Tod auf 2W6 + 4. Stirbt sie trotzdem, beeinflusst dies die Entscheidungen Mareks und Kote- Kutaqs in eine kooperativere Richtung, was sich in den Szenen **Die Schnapsration** auf Seite **23** und **Eine andere Route** auf Seite **20** niederschlägt.

Der Verlust Travides nimmt Huudu-Jutatla derartig mit, dass er seine Trauer, wie sein Vorbild Kote-Kutaq, im Schnaps ersäuft. Er verträgt diesen jedoch nicht annähernd so gut und beginnt, sich und andere zu gefährden – seinem Ehrgeiz tut dies jedoch keinen Abbruch.

Über den Fluss

Ein etwa 50 Schritt breiter Fluss kreuzt den Weg der Helden und muss überwunden werden. Hierzu gibt es verschiedene Möglichkeiten. Die Helden können ...

- ... **Bäume fällen und als Brücke aneinander binden:** Dazu muss eine Gruppensammelprobe auf *Holzbearbeitung*, maximal 3 Helden, dauert 30 Minuten, abgelegt werden, um passende Bäume zu finden und zu fällen. Wer hier scheitert, kann sich zwar festhalten und es erneut versuchen, verliert aber 1W6 Punkte Ausrüstung.
- ... **ein Floß bauen:** Auch hierzu ist eine Sammelprobe auf *Holzbearbeitung* nötig, aber erschwert um –1, maximal 4 Helden, 1 Stunde. Pro misslungener Probe gehen 1W6 Ausrüstungspunkte verloren.
- ... **schwimmen:** Um das andere Ufer zu erreichen, ist eine erfolgreiche Probe auf *Schwimmen (Langstrecke)* –2 notwendig Bei einer misslungenen Probe gehen 1W6 Ausrüstung und 1W3 LeP verloren.

Die Aktivitäten auf dem Wasser ziehen Riesenkaimane an, die hier auf Beute lauern. Setze die Tiere als Mittel ein, um die Situation zu verschärfen. Personen und Konstruktionen verlieren pro Kampfrunde, in der sie von Riesenkaimanen attackiert werden, 1W6 Ausrüstungspunkte. Um Angriffe von Riesenkaimanen abzuwehren, müssen sich die Helden etwas einfallen lassen. Sie können die Biester entweder ablenken oder bekämpfen – von ihrer Konstruktion aus oder von Travides Rücken, auf dem sie maximal zwei Personen duldet, während sie schwimmt (bitte die Abzüge für den Kampf im Wasser beachten, siehe **Regelwerk** Seite **182**).

In allen Fällen muss Elefantendame Travide den Fluss durchschwimmen. Wer sie durchs Wasser leitet, muss eine Probe *Tierkunde (domestizierte Tiere)* –4 bestehen, um sie trotz Belastung und eventuellen Angriffen ruhig ans andere Ufer zu bringen.

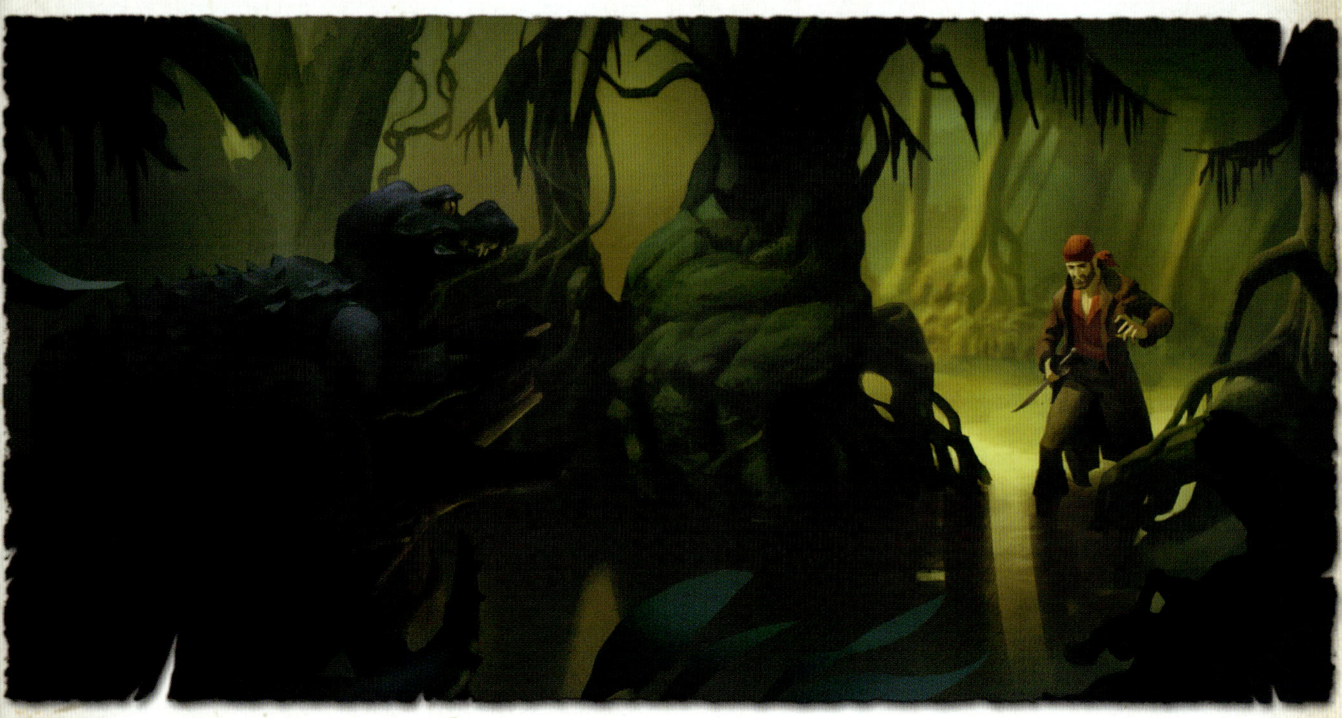

Szenen mit den Chirakah

Diese Situationen sind meist auf Eskalation ausgelegt und dienen als Spielmaterial, um einerseits die Chirakah zu charakterisieren, andererseits um die Lage der Expedition angespannter zu machen. Auch sie sollten nur insofern eingesetzt werden, als sie den Spielspaß fördern.

Tahaya lernen
Die Helden können und sollten von den Chirakah ein paar Brocken Tahaya lernen, um sich später besser mit den Anoiha verständigen zu können. Zudem verbessert dies die Stimmung in der Expedition. Die Helden können im Laufe einer Woche die Sprache *Tahaya* um eine Stufe steigern (bis maximal auf Stufe III), wenn sie die notwendigen Abenteuerpunkte haben.

Die Schnapsration

Schon am zweiten Reisetag teilt Marek den Helden seine Besorgnis über Kote-Kutaqs Trunksucht mit. Nach der zweiten Begegnung mit wilden Tieren will Marek seinen Alkoholgenuss nicht länger akzeptieren. Er betrachtet die Sucht des Chirakah als Gefahr für die Expedition. Zunehmende Aggression von beiden Seiten lässt die Situation in mehreren Stufen eskalieren (eine weitere pro 1W3 vergangenen Tagen):

- Marek hält auf der Wanderung moralische Vorträge über Disziplin und dass diese den Menschen vom Tier unterscheidet. Kote-Kutaq kocht innerlich, schweigt aber.
- Marek fordert von Kote-Kutaq die Schnapsflasche ein und schließt sie in seine Kiste.
- Kote-Kutaq durchsucht heimlich Mareks Besitz und wird von einem Helden erwischt.
- Marek versucht Huudu-Jutatla zu überzeugen, dass Kote-Kutaq ein schlechtes Vorbild für ihn sei.
- Kote-Kutaq stiehlt die Kiste und versucht sie im Dickicht mit Gewalt aufzubrechen. Dabei zerstört er einen Trank, der sich darin befindet (–1W6 Ausrüstungspunkte). Als Marek ihn findet und die Kiste zurückfordert, zieht der Chirakah seine Waffe. Die Helden müssen schlichten.
- Kote-Kutaq findet Tabu-Markierungen der Anoiha und will einen Umweg machen, der die Gruppe drei weitere Tage kosten würde. Marek unterstellt ihm Rachedurst und Böswilligkeit. Die Helden müssen entscheiden, wem sie glauben und wie sie weiterreisen wollen. Der Chirakah kann nur mühsam von einem Mord abgehalten werden.
- Am Ende einer Nacht, in der Chirakah Wache hielten (und eventuell wachende Helden schliefen), wird Mareks Südweiser zerstört (–2W6 Ausrüstungspunkte). Der Verdacht fällt auf Kote-Kutaq. In Wahrheit ist Marek der Täter, der den Chirakah dadurch loswerden will. Dies kann durch *Fährtensuchen (humanoide Spuren)* –5 oder *Menschenkenntnis (Motivation erkennen)* –4 herausgefunden werden, wobei jede Probe eine Stunde in Anspruch nimmt – während Marek zum Aufbruch drängt.
- Kote-Kutaq verlässt die Expedition und versucht sich vom Entzug zitternd und schwitzend allein durch den Dschungel zu schlagen.

Dieses Voranschreiten kann durch Verabreichen von Medizin oder Schnaps, durch Magie oder Rituale aufgehalten werden, was jedoch meist nur einen Tag bringt. Langfristig müssen Sammelproben auf *Bekehren & Überzeugen* gegen Marek oder *Heilkunde Seele* gegen Kote-Kutaq gesammelt werden, um den Konflikt zu lösen, bei einer möglichen, einstündigen Probe am Tag.

Leri-Tamtam-Suns neue Freunde

Ein niedliches und sehr gelehriges Moosäffchen heischt Leri-Tamtam-Suns Aufmerksamkeit (sofern sich kein anderes Expeditionsmitglied für diese Szene eignet). Einmal mit süßen Früchten angelockt, folgt das Tier der Expedition eine Weile. Es dauert nur ein bis zwei Stunden, bis es sein erstes Kunststück vollführen kann. Ermutige die Gruppe mit schnellen Lehrerfolgen und viel Zutraulichkeit, sich weiter mit ihm zu beschäftigen. Beim nächsten Lagerplatz folgt der erste Warnschuss: Das Äffchen versucht einen Diebstahl (Probe auf *Taschendiebstahl* 12 (13/13/13)) im Wert von 1W6 Ausrüstungspunkten, kann aber davon abgehalten werden. Wenn den Helden eine Probe auf *Tierkunde* –3 gelingt, können sie dem Äffchen das Stehlen abgewöhnen. Andernfalls wird das Tier durch gelegentliche Rufe seine Verwandten auf sich aufmerksam machen, die immer häufiger auftauchen und sich zu einer echten Plage entwickeln.

Bis zu 2W6 + 3 Tiere können die Helden auf der Reise und insbesondere bei ihrem Lagerplatz belästigen. Sie tollen auf ihnen herum und stehlen Ausrüstung, die interessant aussieht oder riecht. Erst wenn die Helden zwei Äffchen töten, wird der Rest sie in Ruhe lassen – und wahrscheinlich verschreckt dies auch das gezähmte Äffchen. Jeder fliehende Affe nimmt 2W6 Punkte Ausrüstung mit sich, wenn er nicht aufgehalten wird.

Ein mächtiger Krieger

Huudu-Jutatla will seinen Mut beweisen, indem er einen möglichst kriegerisch aussehenden Helden besiegt. Beim ersten Mal wird er es mit bloßen Fäusten versuchen und wahrscheinlich verlieren. Doch er lässt sich nicht entmutigen, und mit jedem Versuch werden seine Methoden unsauberer: Huudu-Jutatla ...

- ... sucht nach immer neuen Gelegenheiten, den Helden zu provozieren. Dabei macht er neben Spott über Äußerlichkeiten auch vor Beschimpfungen von Familienmitgliedern / Professionen / Gottheiten nicht halt.

- ... versucht, einen Helden durch ein Wetttrinken zu berauschen und dann zu besiegen. Auch wenn er wahrscheinlich deutlich früher berauscht ist, lässt er sich den folgenden Kampf nicht nehmen. Man kann sich mit ihm in einer Vergleichsprobe in *Zechen* messen.
- ... fügt sich selbst Verletzungen zu; entweder, um andere zu beeindrucken, oder um einem Helden die Schuld dafür zu geben.
- ... schüttet dem Helden eine Art von Arax-Gift ins Essen.
- ... stiehlt und versteckt persönliche Besitztümer des Helden, vielleicht auch Ausrüstung, die bei der nächsten Zufallsbegegnung fehlt.

Nach einigen Kämpfen krakeelt Huudu-Jutatla so lange herum, bis er entweder mit Gewalt ruhiggestellt wird oder ein gefährliches Tier angelockt hat – das er dann ganz alleine besiegen will. Verbote provozieren ihn, vernünftige Worte erfordern einen langen Atem (Sammelprobe auf *Bekehren & Überzeugen*, 1 Probe pro Stunde).

Dieses Modul kann die Helden während der Reise begleiten, aber leicht lästig werden. Setze es darum sparsam ein und gönne Huudu-Jutatla auch einige sanfte Momente, in denen er Sympathien sammeln kann. Folgende Elemente können das Verständnis für seine Lage erleichtern – und mit entsprechenden Bemühungen der Helden auch Besserung herbeiführen.

- Giftige Bemerkungen der anderen Chirakah machen deutlich, wie schwierig seine Lage ist. Er darf nicht mitentscheiden, wird aus Gefahren herausgehalten, soll sich ständig um Vorräte oder Elefantendung kümmern und den Mund halten, wenn Erwachsene reden.
- Er sucht immer wieder die Nähe der sanften Travide, wenn er wieder einmal gegen einen Helden verloren hat oder anderweitig gedemütigt wurde.
- Anerkennung für seinen Mut macht ihn so stolz, dass er seinen Ehrgeiz mehrere Tage lang zurücknimmt.

Die Steilwand hinauf

Eines frühen Morgens hat Huudu-Jutatla genug, packt seine Sachen, schleicht zu einer nahegelegenen Felswand und macht sich an den Aufstieg. Er will sich heimlich aus dem Staub machen, um ein gefährliches Tier zu fangen und trophäenbehangen zurückzukehren.

Sobald sein Fehlen bemerkt wird, besteht Kote-Kutaq darauf, den Jungen zurückzuholen, während Marek die Ausrüstung nicht gefährden will. Insbesondere wenn Travide noch lebt, liegt ein Aufteilen der Gruppe nahe, sodass die Helden für 1W3 + 2 Tage ihre eigene Dschungelkundigkeit unter Beweis stellen können.

Aus Verantwortungsgefühl, beispielsweise weil Huudu-Jutatlas Flucht direkt nach einer größeren Auseinandersetzung mit ihnen stattgefunden hat, können die Helden auch beschließen, den Jungen selbst zu verfolgen und die Chirakah bei Marek und der Ausrüstung zu lassen.

Wenn die Helden die Flucht des jungen Chirakah früh genug bemerken, können sie ihn direkt verfolgen, was eine spannende Szene an der Felswand ermöglicht. Hierbei können sie von Königsadlern (Werte siehe Seite **59**) angegriffen werden, und die eventuelle Bergung eines Verletzten kann zusätzliche Anstrengungen benötigen. Um die Felswand zu überwinden, muss eine Probe auf *Klettern (Bergsteigen)* –2 gelingen. Eine misslungene Probe bedeutet einen Sturz aus 1W3 + 1 Schritt auf einen Vorsprung.

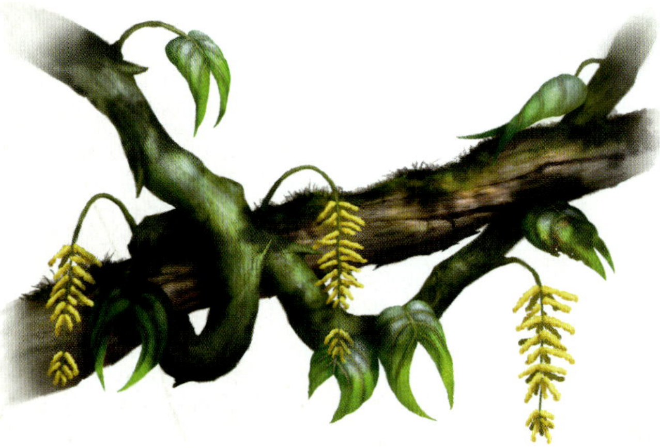

KLEINE SCHILDKRÖTE

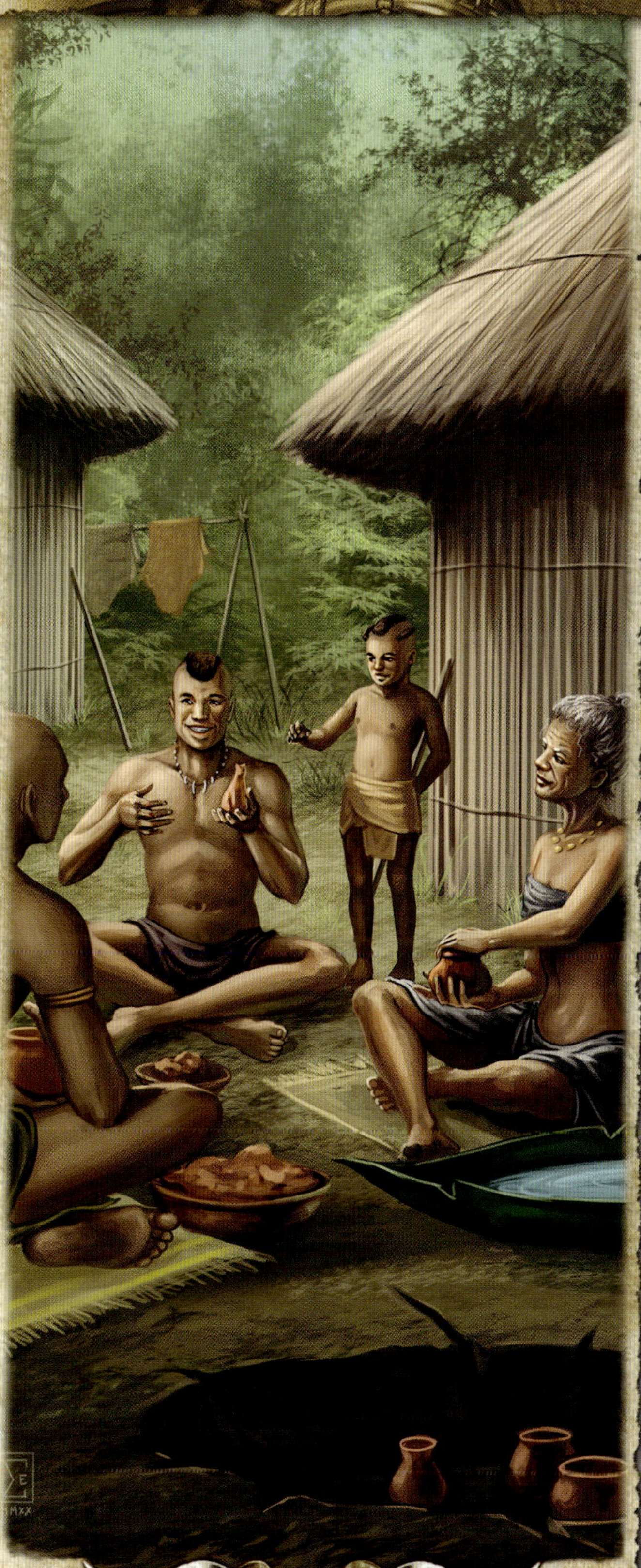

Ein Späher der Wapa-Tonsha entdeckt die Expedition, sobald sie sich dem Tal nähert, in dem das Dorf liegt. Die Ankunft Mareks erregt großes Aufsehen. Nach dem feierlichen Empfang durch Tiki-Ta erhalten die Helden eigene Schlafplätze und werden sofort als Teile der Gemeinschaft angesehen – wie es die Traditionen vorsehen, die Jutu-Jindi hier einführte. Beispielhafte Bewohner des Dorfes sind ab Seite **27** beschrieben.

Von Tiki-Tas Leuten erhalten die Helden mehr als nur Hilfe. Bei den Wapa-Tonsha sollen sie sich so wohl fühlen, dass sie gar nicht wieder gehen wollen. Wann immer die Helden an Aufbruch denken, finden die Waldmenschen Gründe, diesen so freundlich und unauffällig wie möglich hinauszuzögern. So sollen die Helden von der Schlucht und vom Tempel ferngehalten werden. Dies geschieht nicht aus Bösartigkeit, sondern aus ehrlicher Sorge. Denn für die Wapa-Tonsha ist jeder, der die Tabuzone betritt, dem Tod geweiht. Der Abschnitt endet, sobald die Helden sich dazu durchringen können, das Dorf auch *wirklich* zu verlassen.

Schlüsselinformationen

Diese Informationen sollten die Helden bis zum Ende des Abschnitts auf jeden Fall erhalten:

- Schlucht und Tempel liegen in einer Tabuzone der Wapa-Tonsha, die man nicht betreten darf.
- Legenden zufolge erfüllt die Schlucht den Menschen Wünsche, fordert aber immer eine Gegenleistung.
- Die Wapa-Tonsha wollen die Helden mit allen Mitteln zum Bleiben bewegen, weil es ihre Tradition so vorschreibt.
- Begründer dieser Tradition war der Schamane Jutu-Jindi, der vor etwa 200 Jahren ein Yaq-Hai und viele Tschumbies durch ein mächtiges Ritual im Tempel bannte.
- Niemand außer Marek weiß, was vor dreizehn Jahren im Tempel tatsächlich geschah.

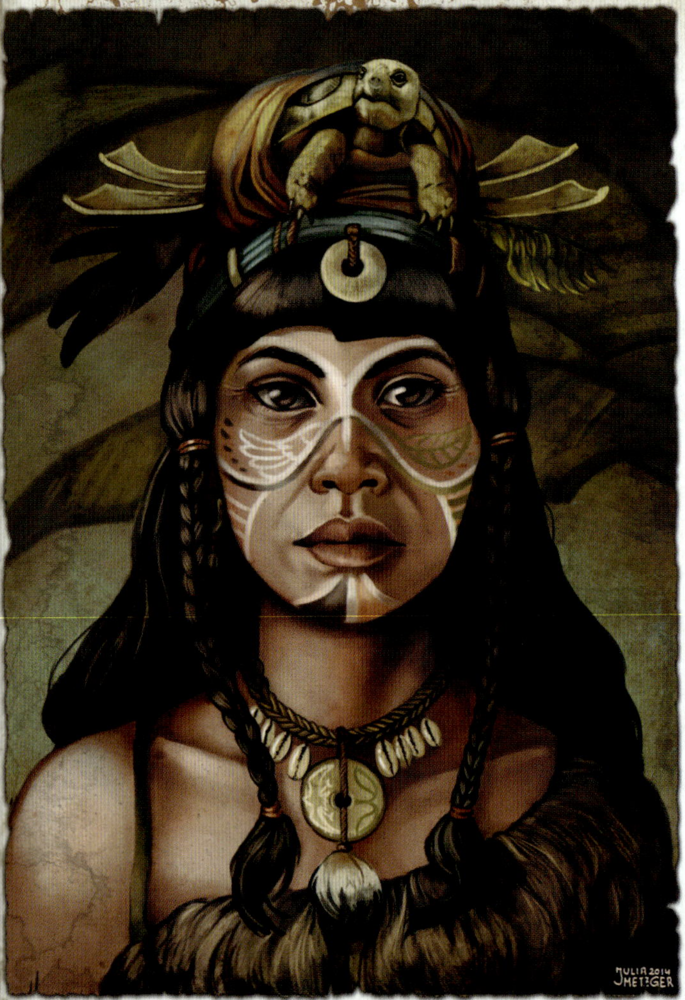

Tiki-Tas Blick ist oft abwesend, ihre Antworten mitunter rätselhaft. Ihr Haustier, eine große Schildkröte gleichen Namens, trägt sie tagsüber meistens auf den Kopf gebunden.

Wenn das Tier nicht schläft, wird es von Tiki-Ta mit unterschiedlichsten Blättern und Blüten gefüttert, sodass es bisweilen im Drogenrausch merkwürdige Schnauf- und Pfeiflaute ausstößt.

Funktion: Geheimnisvolle Ratgeberin in Fragen der Geisterwelt und freundliche Hüterin eines uralten Tabus. Unbestrittene Autorität unter den Wapa-Tonsha. Mareks letzte verbliebene Schwäche – und Chance.

Darstellung: Bewege dich langsam. Schweige viel und ersetze einfache Auskünfte durch Nicken, Kopfschütteln, Stirnrunzeln und so weiter. Hebe für zwanglose Gespräche eine imaginäre Schildkröte von deinem Kopf, füttere und streichle sie. Setze sie auf den Kopf zurück, wenn das Gespräch ernst wird. Imitiere gelegentlich selbst die langsamen Kopfbewegungen einer Schildkröte.

„Langsam, mein Freund. Denk dran, dein Kopf ist nicht aus Holz.“

„Hm. Hm-hm. Ja, vielleicht.“

Tiki-Ta, die Schamanin

Kleine-Schildkröte, die Schamanin der Wapa-Tonsha, hat ihr ganzes Leben im Dschungel verbracht. In der direkten Tradition Jutu-Jindis pflegt und erneuert sie die Zauber der Tabuzone regelmäßig und ist dem *Satuul*, der in der Schlucht haust, schon einige Male begegnet. Die Wapa-Tonsha sind ihre Familie, und Tiki-Ta muss sowohl das Tabu als auch ihr Dorf vor den gefährlichen Eigenschaften Fremder schützen. Die Dorftradition gibt hierfür der Vereinnahmung den eindeutigen Vorzug gegenüber der Gewalt.

Die Schamanin hat schon einige Reisende von einer Plünderung des Tempels abhalten können – teilweise mit karmalen Mitteln, teilweise durch Aufnahme in die Dorfgemeinschaft. An Marek ist die Schamanin jedoch gescheitert – weil sie sich in den Abenteurer verliebte.

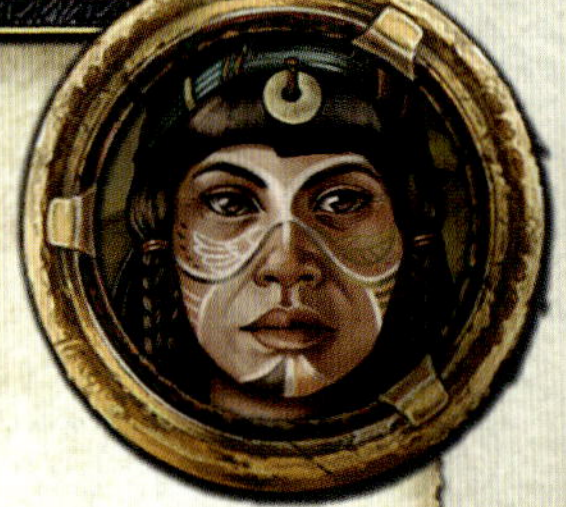

Tiki-Ta
MU 13 **KL** 13 **IN** 14 **CH** 15
FF 12 **GE** 12 **KO** 13 **KK** 12
LeP 30 **AsP** – **KaP** 47 **INI** 14
AW 5 **SK** 3 **ZK** 1 **GS** 8
Waffenlos: AT 10 **PA** 6 **TP** 1W6 **RW** kurz
RS/BE 0/0 (einfache Kleidung)
Vorteile/Nachteile: Geweihter, Gutaussehend I, Hohe Seelenkraft, Zeitgefühl (Schlechte Eigenschaft (Aberglaube)
Sonderfertigkeiten: Geländekunde (Dschungelkundig)
Wichtige Talente: Fährtensuchen 5, Magiekunde 12, Orientierung 7, Pflanzenkunde 12, Selbstbeherrschung 12, Sinnesschärfe 7, Verbergen 7, Wildnisleben 10, Willenskraft 8
Liturgien: Dämonenpakt brechen 11
Kampfverhalten: Tiki-Ta kämpft in der Regel nicht.

Das Dorf

Es handelt sich um eine Höhensiedlung am Rand eines großen bewaldeten Tales. Umgeben von reich bewachsenen Hochplateaus schmiegen sich die Hütten an eine Felswand. Leitern und Terrassen deuten auf gemütliche Wohnhöhlen im Inneren des Berges hin. Ein Gebirgsbach plätschert von oberhalb der Klippen in Richtung Tal, die Siedlung wird von einer hölzernen Palisade vor wilden Tieren geschützt.

Etwa fünfzig Menschen leben hier, geleitet von der Schamanin ♟ *Tiki-Ta*, die etwas abseits unter dem Panzer einer Riesenschildkröte lebt. Sie ernähren sich von der Jagd, den Früchten des Waldes und einigen Feldern, die sie auf Felsterrassen angelegt haben.

Das Dorf ist geschmückt mit zahlreichen geschnitzten Pfählen, die als Wegweiser und Abschreckung für Geister dienen. Neben Darstellungen von Schildkröten dominieren hier Jaguare und andere Wildkatzen. Seine Bewohner, die sich als Wapa-Tonsha bezeichnen, tragen ihre Haare traditionsgemäß offen mit geflochtenen Zöpfen an den Schläfen. Wenn Wind und Nebel kälter werden, kleiden sie sich in Felle, ansonsten tragen sie Lendenschurz und bisweilen lange Beinlinge.

Bewohner

Um das Dorf glaubhaft verkörpern zu können, erhältst du hier eine Personenliste. Versuche nicht, alle Figuren auftauchen zu lassen, sondern wähle die aus, die am besten zu den Helden passen, weil sie ähnliche Vorlieben, Methoden oder Hassobjekte haben. Tiki-Ta kann im Zweifelsfall Konflikte schlichten.

Die Krieger

- ♟ *Canli-Ni*, 24, männlich, sehr stark, gedrungen, schweigsam; liebt Bananen, hasst seine Mutter ♟ *Nene-Upu-Gi*; braucht jemanden, der ihn ermutigt, seinen schlechten Zahn behandeln zu lassen
- ♟ *Kaboa-Liabo*, 30, männlich, sehnig, längliches Gesicht, auffällig bunter Federschmuck an der rechten Schläfe, nervös; Bruder von ♟ *Peri-Peri*; liebt Tanzen, hasst den Geruch von Feuersteinen; braucht jemanden, der ihm bei der Reparatur seiner Hütte hilft
- ♟ *Lapota-Bagi*, 51, weiblich, athletisch und vital, fletscht die Zähne beim Lächeln, zeichnet täglich neue Hautmalereien; liebt süßes Obst, hasst unnötiges Wetteifern, braucht jemanden, dem sie erzählen kann, woher ihr Lieblingsspeer seine vielen Kerben hat
- ♟ *Teda-Pan*, 23, weiblich, temperamentvoll, hervorragende Schwimmerin, Narben an der linken Schulter von der Pranke eines Tigers; liebt Kraftproben, hasst gegrillte Heuschrecken; braucht jemanden, der ihr sagt, wie schön sie ist

Die Mütter

- ♟ *Hoya-Pepe*, 49, weiblich, 4 Töchter, 2 Söhne, 3 Enkel; Mutter von ♟ *Tali-Ra*, Großmutter von ♟ *Koko-Toto*; resolut, etwas schwerfällig, trägt lange, klappernde Ketten aus Holzperlen, dazu passende Ohr- und Nasenringe; liebt ihre Pfeife, hasst Kakadus; braucht eine neue Aufgabe, zum Beispiel einen Urenkel
- ♟ *Nene-Upu-Gi* (ehemals: Yasinda Difano), 31, weiblich, 2 Töchter, 2 Söhne, 1 Enkel; proper, assimilierte Abenteurerin aus Brabak; betrachtet sich als lebenslang trauernde Witwe des Jägers ☠ *Ko-Te-Ma*, doch die Dorfgemeinschaft versteht dieses Konzept nicht; liebt aranische Mode, hasst Streit; braucht ein Andenken an die großen Städte

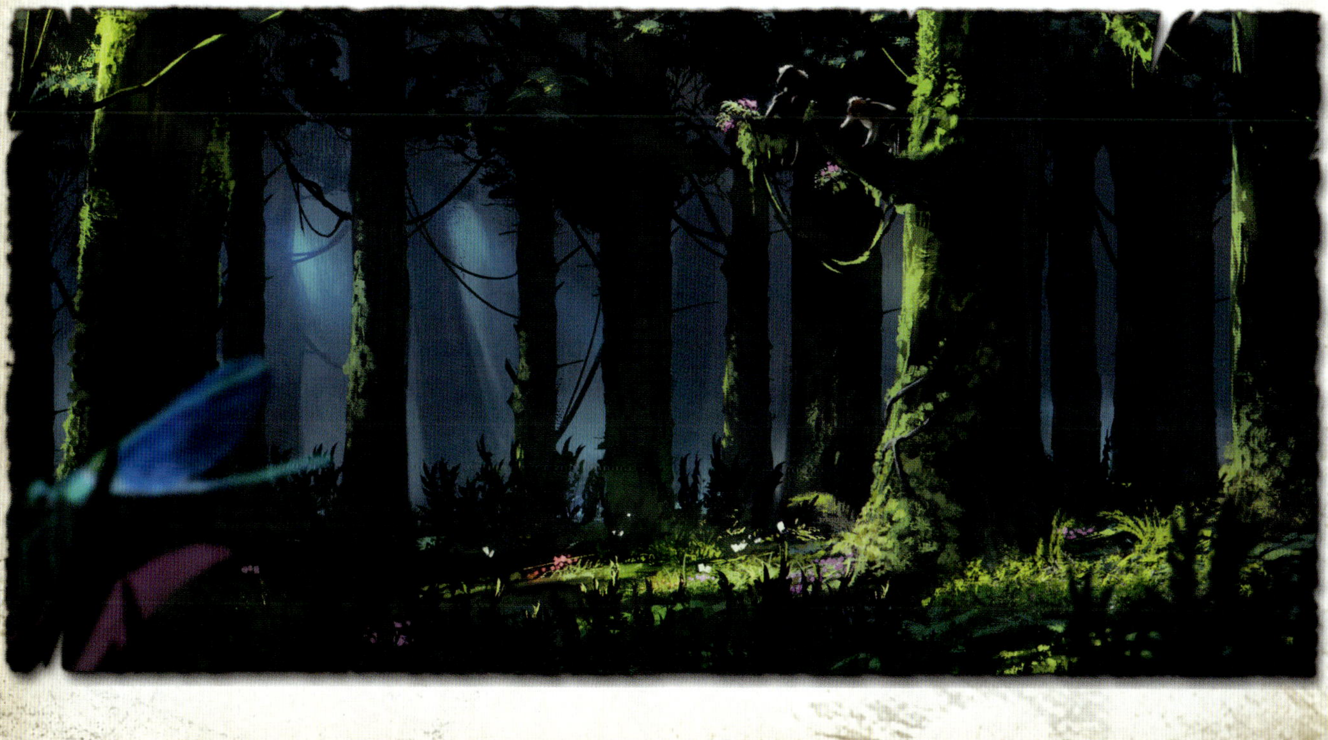

- *Tali-Ra*, 23, weiblich, 2 Söhne; pragmatisch, burschikos, humorvoll, *Hoya-Pepes* Tochter; liebt die Männer, hasst Moosäffchen; braucht mehr Anerkennung bei den Weisen

Die Weisen

- *Yaya-Balboki*, 64, männlich, erstaunlich dichtes Haupthaar, Knochen durch die Nase, verschmitzt, befreundet mit *Titi-Raan*; liebt Lügengeschichten; hasst alles, was fliegt; braucht jemanden, der mit ihm musiziert.
- *Titi-Raan*, 70, männlich, spindeldürr, glatzköpfig, leicht gebeugt, nachdenklicher Dorfältester; liebt *Balni-Du*, hasst Manjok; braucht ein Hörrohr, weiß aber nicht, was das ist
- *Balni-Du* (ehemals Hiltrud Nellgardsdottir), weiblich, 66 Jahre, assimilierte Thorwalerin mit dünnen, grauen Haaren und Delphin-Tätowierungen; liebt *Titi-Raan*, hasst Schlangen; braucht jemanden, den sie tätowieren darf, weil sie das so lange nicht mehr gemacht hat

Die Kinder

- *Aka-Kuk*, 13, weiblich, an der Schwelle vom Mädchen zur Frau, bemalt sich gern mit anstößigen Motiven, um Aufmerksamkeit zu erregen; strebt einen Erwachsenennamen an, doch niemand traut ihr die Reifeprüfung zu; liebt Ratten, hasst Tänze; braucht jemanden, der ein gutes Wort bei Tiki-Ta einlegt
- *Peri-Peri*, 11, weiblich, außerordentlich klein, vorlaute Draufgängerin, immer wirre Haare, Schwester von *Kaboa-Liabo*; liebt das Zeichnen mit Stöcken im Schlamm, hasst es, unterschätzt zu werden; braucht einen Talisman, den sie zur Abwechslung nicht kaputtmachen oder verlieren kann
- *Koko-Toto*, 4, männlich, Sohn von *Tali-Ra*, die ihn vernachlässigt; niedlicher Bettnässer mit offenem Mund und Silberblick, was im Dschungel die Überlebenschancen senkt; liebt *Peri-Peri*, hasst gar nichts, braucht jemanden mit ein bisschen Geduld

Die Ungeliebten

- *Puma-Tschik*, 25, männlich, übler Geruch, auffällige und große Gesichtsbemalung in Schwarz und Weiß; harter Einzelkämpfer, den die Gemeinschaft nur duldet, solange er sich abseits hält und mehr leistet als andere; liebt seine dressierte Sumpfratte Kritaq-Sche, hasst die anderen Krieger; braucht Hilfe, seinen Körpergeruch zu kaschieren
- *Jubo-Jok*, 17, weiblich, Tollpatsch mit traurigen Augen und riesigen schweren Ohrringen, die die Ohrläppchen schon langgezogen haben; liebt Blumengestecke, hasst *Tali-Ra*, weil sie ihr *Kosho-Pobek* ausspannte und ihn bald danach wieder fallen ließ; braucht einen Mann, aber kein Dorfbewohner will eine so ungeschickte Frau
- *Kosho-Pobek*, 19, männlich, ausdauernd, freundlich, kein Schmuck, Pechmagnet, und aufgrund von Missverständnissen als Feigling verschrien; liebt *Jubo-Jok*, wagt aber nicht, zu ihr zurückzukehren; hasst die Weisen und Tiki-Ta, weil sie ihm nichts glauben; braucht jemanden, der ihm einen neuen Namen gibt, indem er eine Heldentat bezeugt

Der legendäre Jutu-Jindi

Jutu-Jindi war der Gründer des Dorfes, und jeder der Waldmenschen kennt Geschichten über ihn. Er machte die Wapa-Tonsha von kaltblütigen Jägern zu freundlichen Gastgebern und ist ein Schlüssel zum Geheimnis des Tempels. Lass folgende Informationen nebenbei in Gespräche einfließen, die mit ihnen geführt werden:

- Seit etwa sieben Generationen existiert dieses Dorf. Es wurde von dem Schamanen Jutu-Jindi gegründet.
- Jutu-Jindi trug einen Kopfschmuck aus drei holzgeschnitzten Federn, die er grün und blau bemalt hatte. Auf seinem Bauch malte er stets einen gelben Kreis.
- Er schuf auch eine mächtige Tabuzone, über die man nicht sprechen darf.
- Er war mit einem kleinen Mann namens Brago befreundet.
- Er soll das Yaq-Hai besiegt haben, einen schrecklichen Geist, der Seelen stiehlt.
- Er gab den Wapa-Tonsha neue Gesetze, nach denen sie bis heute leben.

Es wird persönlich

Es ist wichtig, dass die Wapa-Tonsha keine anonyme Dorfgemeinschaft bleiben und die Helden schnell persönliche Bindungen zu einzelnen Dorfbewohnern aufbauen. Hier ist Fingerspitzengefühl gefragt, denn Meisterfiguren werden schnell als aufdringlich und lästig empfunden, wenn sie mit der Tür ins Haus fallen. Dies gilt insbesondere, nachdem die Helden so viele Scherereien mit den Chirakah ertragen mussten. Darum sollten die folgenden Module erst eingesetzt werden, *nachdem* einzelne Helden schon ein oder zwei Dinge mit den Wapa-Tonsha erlebt haben und sich unter den Waldmenschen erste Blickfänger und Sympathieträger abzeichnen. Diese sollten bevorzugt für die folgenden Module eingesetzt werden.

- Ein junger Wapa-Tonsha nimmt sich einen Helden zum Vorbild und weicht nicht mehr von seiner Seite. Jede Ablehnung wird als Prüfung der Willensstärke interpretiert, jede unangenehme Aufgabe ohne Murren ausgeführt.
- Ein Dorfmitglied verliebt sich in den Helden, putzt sich heraus, macht viele Besuche und Geschenke. Der Held wird aufgrund seiner Ablehnung als besonders weise betrachtet und bei Streitfällen um seine Meinung gefragt – idealerweise in Bereichen, zu denen er eine klare Haltung hat.

- Ein Dorfmitglied gerät in Streit mit einem Heldengefährten und sucht den Rat des Helden, weil der ja auch ein Fremder ist. Fortan betrachtet der Fragende den Helden als Unterstützer seiner Meinung.
- An den Helden wird ein Problem herangetragen, das nur er lösen kann, weil er besonders groß / schwer / stark / klug / geschickt / schön / überzeugend / geheimnisvoll / erfahren / fremd / stilsicher / skrupellos ist. Besonders wirkungsvoll sind hier Wünsche von Schwangeren, Kindern oder Alten, und solche, die sich um persönliche Themen wie Eifersucht, Neid, Eitelkeit und andere menschliche Schwächen drehen.

Rückzug und Gegenwehr

Vermutlich werden sich manche Helden von der einnehmenden Dorfgemeinschaft zurückzuziehen suchen. Andere werden sich stark an ihren Auftrag gebunden fühlen, stur alle Annäherungen ablehnen oder sogar grob werden. Folgende Gegenmaßnahmen kannst du ergreifen, um eine Eskalation zu verhindern und die Helden durch Gespräche zu binden.

- Ein Wapa-Tonsha fühlt sich vom Verhalten des Helden derart beleidigt, dass er ihn zum Duell fordert. Alle (!) anderen Dorfbewohner sind schockiert und flehen den Helden an, über diesen unüberlegten Schritt hinwegzusehen.
- Ein Dorfbewohner ist menschlich enttäuscht vom ablehnenden Verhalten des Helden. In seinen Augen sammeln sich Tränen, und jedes Mal, wenn er den Helden wiedersieht, blickt er betrübt zu Boden.
- Ein Kind mit ernster Miene stellt sich dem Helden in den Weg und fragt: „Warum magst du mich nicht?“ Viele Antworten wird es nicht verstehen und charmant weiter fragen, bis es dem Helden ein Zugeständnis entlockt hat.
- Ein alter Mann meint den Helden durchschaut zu haben und stellt ihn zur Rede: „Du willst kein Freund von uns sein, weil die Sklavenjäger schon deine Freunde sind. Du willst uns an sie verkaufen, oder?“
- Ein Stammeskrieger unterstellt, dass der Held die Einsamkeit sucht, um mit den Geistern zu sprechen. Er fängt den Helden ab und fragt unbeirrbar, was die Geister über ihn erzählt haben. Die Fragen („Was sagten sie über den Tod meines Bruders? Meinen sie, ich habe ihn im Stich gelassen?“, „Warum hat seine Mutter all seine Schrumpfköpfe vergraben?“, „Haben sie den bösen Schatten geschickt, um unseren Schatz zu stehlen?“) lassen Rückschlüsse auf ein düsteres Geheimnis zu, das den Helden interessieren könnte.

Gründe zum Bleiben

Es folgen Vorschläge für Spielsituationen, die den Aufenthalt bei den Wapa-Tonsha so angenehm wie möglich machen und einen Aufbruch zum Tempel verzögern sollen.

Annehmlichkeiten

Mit diesen kleinen Zuwendungen kannst du die Spieler leichter um den Finger wickeln. Wohlgemerkt: Es handelt sich um Eigenheiten *dieser besonderen Sippe*, die größtenteils ohne Jutu-Jindis Einfluss nicht denkbar gewesen wären.

- Für diese Sippe gelten Fremde als besonders schön, und ein schöner Mensch kann in ihren Augen nichts Böses tun.
- Die Wapa-Tonsha sind neugierig und gelehrig. Sie sind gerne bereit, neue Ideen in ihr Weltbild aufzunehmen, sofern sie irgendwie nützlich erscheinen. Dies gilt auch in religiösen Fragen.
- Die Berghöhlen sind mit Tierfellen und gewobenen Stoffen behaglicher eingerichtet als mancher Bergfried im Mittelreich. Astrale Regeneration ist hier um einen Punkt erhöht.
- Das Wetter ist angenehm warm, aber durch die relative Höhe ist es hier weniger schwül als im übrigen Dschungel. Den täglichen Sturzregen verbringt man in den Höhlen bei spannenden Geschichten oder bei sanftem Rauchkraut in mit Bananenblättern bedeckten Unterständen.
- Da die Ausrüstung sicher untergebracht ist, geht hier nichts davon verloren. Mit Hilfe der Wapa-Tonsha lassen sich auch pro Tag Aufenthalt 1W20 Ausrüstungspunkte wiederherstellen. Jede QS aus Fertigkeitsproben (vor allem Handwerkstalente) der Helden erschaffen einen zusätzlichen Punkt – und Werkzeuge der Wapa-Tonsha erleichtern viele dieser Proben um bis zu +2.
- Ein kristallklares Bächlein, das weiter oben am Berg entspringt, plätschert durch die Mitte des Dorfes und bietet jederzeit Erfrischung. Durch eine Abmachung zwischen Tiki-Ta und einem kleinen Wassergeist erhöht es die nächtliche Regeneration von LeP um einen Punkt.
- Seit Jutu-Jindi haben die Wapa-Tonsha zahlreiche Obstbäume gepflanzt und Gemüsefelder angelegt. Gejagt wird in Gruppen, Wild ist reichlich vorhanden. Gekocht und gegessen wird gemeinsam.
- In Liebesdingen ist man sehr aufgeschlossen, auch eine unerwartete Schwangerschaft ist kein Skandal. Zwar wird von Paaren erwartet, nach der Geburt eines Kindes sieben Jahre miteinander zu leben, aber zeremonielle Hochzeiten sind unbekannt.

Projekte

Bis erkrankte Gefährten wiederhergestellt sind, sollten einige Tage vergehen, in denen sich verfügbare Helden in der Dorfgemeinschaft nützlich machen können. Aus diesen kleinen Unternehmungen sollten sich *Projekte* ergeben, die einzelne Helden in dieser Phase verfolgen – und die mehr Zeit in Anspruch nehmen als ursprünglich geplant.

Gehe davon aus, dass pro Projekt eine Sammelprobe darstellt, wobei jede Probe einen halben Tag in Anspruch nimmt und jede Komplikation die Probe erschweren sollte. Tabubrüche müssen oft mit skurrilen Aufgaben gesühnt werden, um den Verstoß ungeschehen zu machen.

- Bekehrung einzelner Waldmenschen zum Zwölfgötterkult. *Komplikationen*: Widersprüche zu althergebrachten Traditionen, Einmischung durch Tiki-Ta oder andere Weise, spontane Gründung einer Gegenreligion durch Unzufriedenheit oder Missverständnisse, Ablenkung durch ein anderes, interessanteres Projekt.

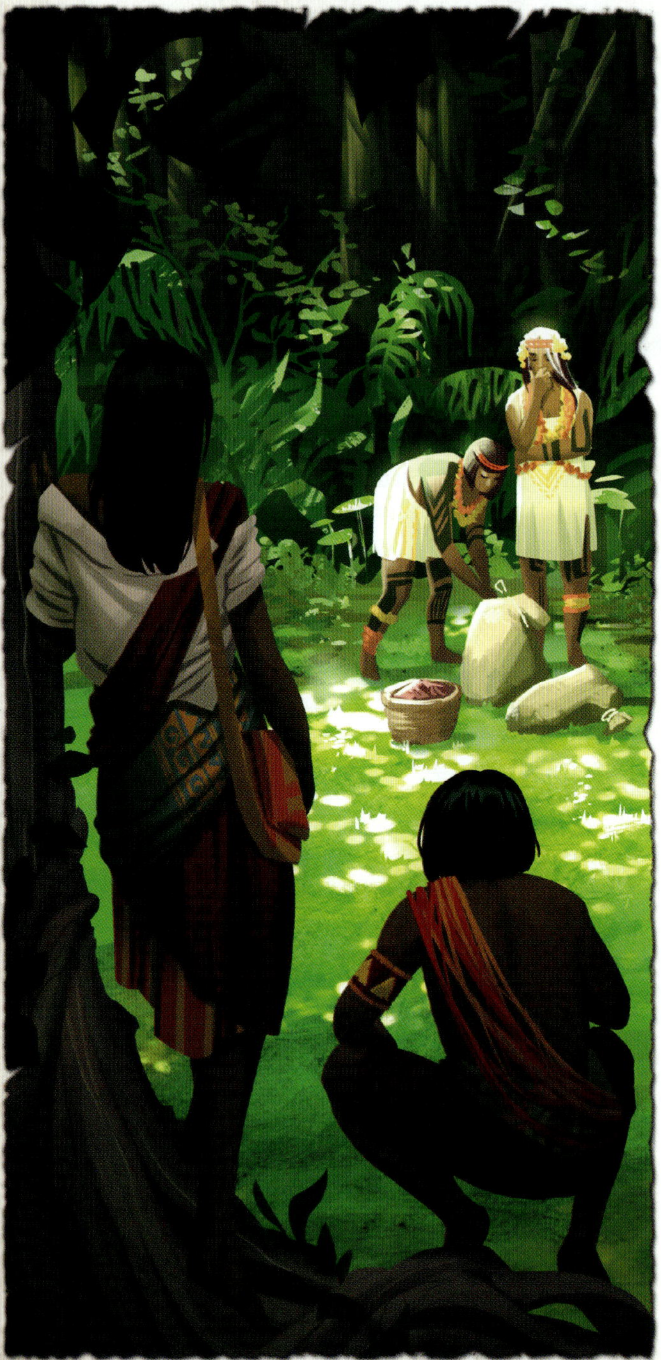

- Lehren technologischer Errungenschaften in Gebieten der Schmiedekunst, Mechanik, Alchimie und so weiter. *Komplikationen*: Misstrauen wegen Scheiterns bei der ersten Anwendung, Ablenkung durch ein anderes, interessanteres Projekt, Übertragen des Gelernten auf völlig unpassende Situationen.
- Reparatur und Optimierung von Hütten, Palisaden, Trommeln, technischen Einrichtungen und ähnlichem. *Komplikationen*: Sabotage durch gekränkte Bauherren, nächtliche Zerstörung durch wilde Tiere, Bruch des Tabus „vom Finden und Werfen".
- Erlernen und Verbessern von Wildnisfähigkeiten oder Hruruzat. *Komplikationen*: Ablenkung des Lehrers durch ein anderes Projekt / Rauschmittel / die Liebe; Bruch des Tabus „von den grünen Steinen" / „vom dritten und vierten Schritt".
- Suche nach einem Schatz, den die Wapa-Tonsha beiläufig erwähnen, weil sie ihn für wertlos halten (beispielsweise Gold, Silber oder Edelsteine). *Komplikationen*: Zweifel an der Ernsthaftigkeit des Unterfangens, Desinteresse desjenigen, der den Weg kennt; Bruch des Tabus „vom großen Nilpferd" / „vom weinenden Baum" / „vom Elefantenfriedhof".
- Eroberung einer unnahbaren Dorfschönheit. *Komplikationen*: Konkurrierende Geschenke eines Unbekannten, Herausforderung durch einen langjährigen Verehrer, Vereinnahmung durch potenzielle (fremde) Schwiegereltern, Bruch des Tabus „von der warmen Hütte".
- Magische Unterweisung durch Tiki-Tas Schüler Hegu-Ku. *Komplikationen*: Ausfall des Lehrers durch Überdosierung von Rauschmitteln; Fehlen von und Suche nach einer sehr profanen Zutat, die aber unter bestimmten Umständen (Tageszeit, Ort, Kostümierung, musikalische Untermalung) besorgt werden muss; Bruch des Tabus „von der ewigen Feuerscheibe".

Anliegen der Dorfgemeinschaft

Manche Spieler zögern, sich „mitten im Abenteuer" ein längerfristiges Projekt zu eigen zu machen. Gerade diese Spieler solltest du beschäftigt halten, indem die Wapa-Tonsha verschiedene Probleme an sie herantragen, die unbedingt und sofort gelöst werden müssen. Im Zweifel kann selbst Marek mit dem Argument überzeugt werden, dass für Aufnahme und Pflege der Expedition eine Gegenleistung angemessen ist.

Die folgenden Intrigen werden bewusst gesponnen, um die Helden zu halten. Durch ihre Aufdeckung können sie am ehesten feststellen, dass man sie absichtlich von der Schlucht fernhalten will. Setze sie darum nur ein, wenn die Helden sich ernsthaft zum Gehen entschließen, und versuche sie möglichst charmant zu verkaufen, um einen ernsthaften Vertrauensverlust in die Wapa-Tonsha zu vermeiden.

Die Lösung dieser Aufgaben findet stets unter Beobachtung und mit mehr oder weniger hilfreichen Ratschlägen des halben Dorfes statt. In der Regel gibt einer der *Ungeliebten* oder eine mitleidvolle Assimilierte den entscheidenden Hinweis, der den Schwindel auffliegen lässt. Mitunter genügt auch eine solide *Menschenkenntnis*, um herauszufinden, dass etwas nicht stimmt. In diesem Fall nimmt ein Stammesmitglied alle Schuld auf sich und bittet die Helden um Verzeihung.

Auch Bestrafungen des jeweiligen Betrügers sind denkbar. Üblich wäre eine zeitweilige Verbannung (relativ harmlos, weil die Zeit bei einem befreundeten Stamm verbracht werden kann), das Opfern persönlicher Besitztümer an die Geister (schmerzlich, aber als Paraphernalia eines Schamanenritus mitunter sogar nützlich) oder – schlimmstenfalls – körperliche Bestrafung, die der anklagende Held gemeinsam mit Tiki-Ta festlegen, aber allein durchführen muss. Allen Bestrafungen geht ein langes Gerichtsverfahren voraus, und jede einzelne wird von großem Brimborium begleitet.

- **Der verschollene Krieger:** Ein Krieger ist verschollen und muss gefunden werden. Ständig tauchen neue „Spuren" und „Zeugen" auf, die die Helden aber nie zum Erfolg führen. Irgendwann kehrt der Krieger von selbst zurück. *Rechtfertigung:* Der Krieger behauptet, sich zur Vorbereitung auf die nächste Jagd zurückgezogen zu haben – dann will er nämlich etwas Besonderes leisten, um jemanden zu beeindrucken. Er hat nicht Bescheid gesagt, weil es eine Überraschung sein sollte. Alternativ kann er bei diesem Unterfangen auch wirklich in Schwierigkeiten geraten sein, damit die Helden zum Zug kommen.
- **Festvorbereitungen:** Die Dorfgemeinschaft will zu Ehren Kamaluqs / der verdienstvollen Mütter / der Helden / des Nachbarstammes ein großes Opferfest abhalten. Dafür sind umfangreiche Vorbereitungen nötig, wie das rituelle Weihen eines Ortes, das Konstruieren und Schmücken eines Altars / einer Opferpuppe / einer Tribüne. Zudem benötigt man Opfergaben wie Fleisch, Früchte, Schmuck, oder erniedrigende Tätigkeiten am Ritualplatz. Jemand muss überwachen, dass jeder seine Aufgabe erfüllt und die richtigen Leute informiert werden. Die meisten hierauf Angesprochenen sind von dem Vorhaben zunächst überrascht, aber um den Schwindel nicht auffliegen zu lassen, spielen sie mit und es entwickelt sich eine Eigendynamik, an deren Ende eine neue, bedeutsame Tradition des Dorfes stehen kann.
- **Unterweisung im Kampf:** Die Weisen behaupten, die Krieger des Stammes seien verweichlicht und benötigten dringend Unterweisung durch „echte Helden". Bei der Ausbildung und während einiger Streifzüge durch die Wildnis stellen sich die Krieger auch außerordentlich dumm an – bis eine tatsächliche Gefahr auftaucht und sie zwingt, ihre wahren Fähigkeiten einzusetzen. *Rechtfertigung:* Die Krieger haben in der Vergangenheit so sehr geprahlt, dass man sie demütigen wollte. Es ist doch gut für die Helden, dass sie auf diese Weise ihr Können unter Beweis stellen konnten.
- **Einen Fluch brechen:** Nach einer Aufforderung Mareks, das Dorf endlich zu verlassen, brechen zwei Wapa-Tonsha unvermittelt in Tränen aus. Sie meinen, Marek habe sie mit dem Bösen Blick bedacht, und davon müssten die Helden sie nun reinwaschen. Nacheinander sind viele Behandlungen mit den unterschiedlichsten Flüssigkeiten und Früchten notwendig, die allesamt gründlich auf die nackte Haut aufgetragen werden müssen. Während der Massagen mit Schlamm, Milch, Zitronensaft, Bananenmus und Tschokolat provozieren die „Verfluchten" erotische Abenteuer und versuchen die Helden zu immer neuen Massagen zu verführen. Der Schwindel fliegt auf, als Tiki-Ta sie wegen der sinnlosen Verschwendung wertvoller Vorräte zurechtweist. *Rechtfertigung:* Die Helden haben den beiden gefallen. Was ist denn schlimm daran?
- **Die falsche Schwangerschaft:** Tali-Ra ist wieder schwanger, und ihre Mutter Hoya-Pepe bezeugt, dass einer der Helden der Vater sein muss. Nun ist viel zu tun, denn Väter haben viele merkwürdige Rituale zu absolvieren, damit aus dem Kind auch etwas wird: Pflanzen eines „Lebensbaumes", Schnitzen eines „Vaterstocks", der auf einen bestimmten Berg getragen werden muss, ein obskurer „Tanz der Niederkunft" und schließlich das „Schlammbad des dicken Fells". Tatsächlich sind die Rituale ebenso erfunden wie Tali-Ras Schwangerschaft. *Rechtfertigung:* Yaya-Balboki wollte sich einfach einen Spaß erlauben und hat Tali-Ra und Hoya-Pepe mit Rauchwerk bestochen.
- **Das rettende Kraut:** Durch heimlich verabreichte Cherkemal Pilze wird einem Helden eine leichte Vergiftung zugefügt, die ihn einen Tag lang zittern lässt und seine Sinne trübt. Tiki-Ta untersucht ihn und verordnet dann strenge Bettruhe, ohne den Befund mitzuteilen. Andere Helden werden herangezogen, um „das Heilkraut zu suchen" – ein völlig wirkungsloses Gewächs, das sich durch *Pflanzenkunde* +3 auch als solches identifizieren lässt. *Rechtfertigung:* Tiki-Ta ist sicher, dass der vergiftete Held von einem bösen Geist belauert wurde – wahrscheinlich, weil er ein Fremder ist. Um ihn als Opfer uninteressant zu machen, musste er krank wirken. Die Kräutersuche war nötig, damit der danach umherstreifende Geist sich keine anderen Helden als Opfer aussuchen konnte.
- **Kriegsgetrommel:** Es droht ein Angriff des benachbarten Stammes der Yako-Moka. Beweis sind ein verletzter Krieger und einige Zeichen, die zwei Späher im Wald entdeckten. Die Aufregung ist groß und man muss Vorbereitungen treffen. Neben den üblichen Verteidigungsmaßnahmen wollen die Wapa-Tonsha abschreckende Statuen und Masken herstellen, wilde Tiere einfangen, um sie auf die Feinde loszulassen, ein neues Pfeilgift ausprobieren,

vielleicht gar ein Opfer darbringen, um die Kriegsgeister gnädig zu stimmen. Gespannt wird tagelang der Angriff erwartet – der nicht kommt. *Rechtfertigung:* Erst als man einen Parlamentär zu den Nachbarn schickt, klärt sich der „Irrtum" auf. Die Verletzung war ein Jagdunfall, für den bereits eine Kompensation ausgemacht wurde, die beim nächsten Stammestreffen übergeben werden soll. Die beiden Jäger, die die Drohzeichen und Kriegstrommeln der Nachbarn entdeckt haben, beschuldigen sich gegenseitig, falsche Schlüsse gezogen zu haben.

Das Verhalten der Chirakah

Nach anfänglichen Berührungsängsten lassen sich die Chirakah gerne auf das Leben der Wapa-Tonsha ein. Sofern keine Krankheiten ihnen Bettruhe abverlangen, sind sie vollauf beschäftigt und wollen das Dorf möglichst nicht mehr verlassen – es ist besser als alles, was sie auf mengbillanischen Plantagen und in ihren armseligen Siedlungen erlebten. Nutze ihre Begeisterung, um die Annehmlichkeiten des Dorflebens weiter hervorzukehren.

- Kote-Kutaq fühlt sich zum ersten Mal in seinem Leben am richtigen Ort, doch der Entzug macht ihm zu schaffen. Seine Heilung kann zu einem eigenen Projekt werden, bei dem die Wapa-Tonsha überzeugt werden müssen, Aufgaben als Pfleger und Wächter zu übernehmen.
- Leri-Tamtam-Suns anfängliche Skepsis gegenüber den „Wilden" verfliegt, sobald sich geschmeidige und gutaussehende Krieger für sie als eine welterfahrene Abenteurerin interessieren. Wie gewöhnlich denkt Leri-Tamtam-Sun in Extremen und will bald vollständiges Mitglied der Dorfgemeinschaft werden. Ihre Versuche, sich als unverzichtbar zu inszenieren und dementsprechende Erwartungen der Wapa-Tonsha zu erforschen, können ein eigenes Projekt werden.
- Huudu-Jutatla kann durch Travide eine bisher ungekannte Anerkennung erfahren – wer sich mit einem Elefanten versteht, muss ein interessanter Mensch sein. Auch Geschichten über Travide beeindrucken die Wapa-Tonsha, und es kann zu einem eigenen Projekt werden, dem Jungen ein verwaistes Elefantenjunges zu besorgen, das man mit ihm gemeinsam zähmen kann.

Tiki-Ta und Marek

Mareks Rückkehr hat die Schamanin aufgewühlt und eine alte Liebe neu entfacht. Sie hat Marek verziehen und will ihn auf keinen Fall wieder gehen lassen, zumal sie nicht ahnt, warum er tatsächlich zurückgekehrt ist. Sobald sie Vertrauen zu den Helden gefasst hat, bittet sie sie diskret, den Grund für seine Ablehnung herauszufinden.

Marek jedoch meidet ihre Gegenwart, weil er auf keinen Fall wieder schwach werden will. Er weiß, dass jeder Tag Verzögerung ihn davon abhält, seine Schuld wiedergutzumachen und das Dorf zu retten. Von den Wapa-Tonsha hält er sich fern und schlägt sein Lager in einer kleinen abgelegenen Höhle auf. Trotzdem erhält er immer wieder Besuch von neugierigen Dorfbewohnern, die wissen wollen, was er all die Jahre getrieben hat und warum er sie einst verließ. Doch selbst wenn Marek ehrlich antworten sollte – die meisten Aussagen werden die Wapa-Tonsha nicht verstehen.

Sobald die Kranken reisefähig sind, drängt Marek zum Aufbruch, sofern es den Helden nicht gelingt, ihn umzustimmen. Nach einigen Versuchen, die du beliebig anbringen kannst, gibt er dem dämonischen Drang vollkommen nach. Dann bricht er notfalls alleine zur Schlucht auf.

Berührungsängste

Helden, die sich für Mareks Geheimnis interessieren und sein Vertrauen errungen haben, können ihn überzeugen, sich Tiki-Ta anzuvertrauen. Voraussetzung hierzu ist, dass mindestens einer der Helden in **Gesprächen** (siehe Seite **19**) bei mindestens einem Gesprächsthema volle 10 QS und bei einem zweiten mindestens 6 QS angesammelt hat (was auch im Dorf noch möglich ist) und Marek drei gute Gründe nennen kann, warum er von seinem ursprünglichen Plan abweichen sollte. Denkbar sind Aussagen wie:

- Es ist ungerecht, Tiki-Ta von einer Entscheidung auszuschließen, die sie und ihr Volk direkt betrifft.
- Es ist schäbig, eine Geliebte, die dreizehn Jahre lang gewartet hat, ein zweites Mal zu verlassen und die wahren Gründe nicht zu nennen.
- Tiki-Ta kennt die Geister der Umgebung am besten. Wenn jemand helfen kann, dann sie.
- Hier steht das Leben eines ganzen Dorfes auf dem Spiel, darum ist kein Platz für Selbstmitleid.
- Die Liebe kann jedes Problem lösen.
- Was ist schon dabei? Wenn Mareks Körper und Seele ohnehin verloren sind, kann ihm auch egal sein, was Tiki-Ta über ihn weiß.
- Einen Versuch ist es wert. Im Zweifel wird sich der Dämon ohnehin holen, was ihm gehört.
- Die Götter helfen denen, die kämpfen – nicht denen, die aufgeben.
- Notfalls helfen die Helden bei der Umsetzung von Mareks eigentlichem Plan, egal wie riskant er ist.

Die Hilfe der Schamanin

Ist die Versöhnung herbeigeführt, wandelt sich Mareks Haltung abrupt. Man erlebt ihn so hoffnungsvoll wie nie zuvor. Bald verbringt er die Nächte in Tiki-Tas Hütte, während man die beiden tagsüber turteln sieht, wenn auch stets mit einem traurigen Unterton.

Tiki-Ta setzt alles daran, Marek von dem bösen Geist zu befreien, der ihn besessen hat, doch sie allein ist nicht mächtig genug. Wenn sich ein Zauberer oder Geweihter unter den Helden befindet, kann man mit vereinten Kräften einen Rettungsversuch unternehmen, um die Beherrschung zu brechen, die Marek zum Sprung in die Schlucht treibt. Die Folgen eines echten Paktbruchs würden weder die Wapa-Tonsha noch die Expedition unter diesen Umständen überleben – Agrimoths Präsenz in der Umgebung ist schlicht zu stark.

Gelingt die Zeremonie Dämonenpakt brechen, kann es Mareks Leben retten, lässt aber umgehend die Untoten frei, weil der Handel mit der Schlucht nichtig wurde. In diesem Fall erhalten die Helden hastig alle Schlüsselinformationen des nächsten Abschnitts und sollten sich schnell auf den Weg zum Tempel machen, bevor das Dorf überrannt wird.

Wenn kein Held an der Zeremonie teilnimmt, scheitert sie, sodass Marek an einem Morgen völlig übernächtigt, verschlossen und innerlich gebrochen seinen sofortigen Aufbruch verkündet.

Dämonenpakt brechen

Diese seltene Zeremonie wird von Geweihten benutzt, um einen Paktierer von seinem Pakt zu erlösen und seine Seele nicht der Verdammnis auszusetzen.

Probe: MU/IN/CH (SK modifiziert die Probe nur bei einem unfreiwilligen Ziel)

Wirkung: Der Geweihte kann mit dieser Zeremonie versuchen, den Dämonenpakt eines Paktierers zu brechen. Die Probe ist dabei um verschiedene Modifikatoren, beispielsweise durch die Kreise der Verdammnis des Paktierers, modifiziert. Zum genauen Verfahren siehe Seite **49**.

Die Berührung muss nicht über die ganze Dauer der Zeremonie erfolgen, dies ist von Kult zu Kult unterschiedlich. Die Meisterin hat hierbei das letzte Wort.

Zeremoniedauer: 8 Stunden

KaP-Kosten: 32 KaP, 8 davon permanent

Reichweite: Berührung

Wirkungsdauer: sofort

Zielkategorie: Kulturschaffende (Paktierer)

Der Abschied

Wenn sich die Helden trotz aller Widerstände zum Aufbruch entschließen, kommt es zum Abschied. Wie vehement die Dorfbewohner sie zum Bleiben drängen, hängt von der Beliebtheit ab, die sich die Helden erarbeitet haben. Je mehr sie gemocht werden, umso dringender will man sie zurück im Dorf wissen und versucht, zu helfen, dass sie die Tabuzone überleben.

Die folgenden Zuwendungen können die Helden erhalten, sofern sie sich diese in den Augen Tiki-Tas verdient haben. Das ist auch möglich, wenn das Ritual nicht durchgeführt wurde oder gescheitert ist. Als grobe Richtlinie können die QS dienen, die die Helden im Dienste der Dorfbewohner erspielt haben:

- Die Chirakah begleiten die Helden, während Travide jedoch im Dorf bleibt.
- Tiki-Ta verrät, dass es direkt hinter der Brücke über die Schlucht einen heiligen Stein gibt, in dem ein heilender Nipakau wohnt. Wer den Schlamm unter diesem Stein auf seine Haut schmiert, regeneriert innerhalb einer Stunde 3W6 + 2 LeP. Der Nipakau kann noch 1W6 Mal agieren.
- Die Helden erhalten 1W6 Heiltränke (QS 4) aus dem Vorrat des Dorfes.
- Drei Krieger der Wapa-Tonsha begleiten die Helden – trotz ihrer Angst, die Tabuzone zu betreten und obwohl das Dorf akut gefährdet ist.

Eventuell können sich die Helden gar nicht zum Gehen entschließen. Dann platzt Marek irgendwann mit der Wahrheit heraus und fleht sie an, ihm wenigstens diesen letzten Dienst zu erweisen. Tiki-Ta wird Zeuge dieses Ausbruchs und zieht die richtigen Schlüsse: Eine Erhebung der Untoten wäre das Ende ihres Dorfes. Darum bittet nun auch sie die Helden um Hilfe und stellt notfalls *alle* oben genannten Hilfen zur Verfügung.

Wenn die Helden sich sehr schnell zum Gehen entschließen, können die Wapa-Tonsha auch Gewalt anwenden, um sie von der Tabuzone fernzuhalten. So wird aus dem Abschied eine Flucht vor Speeren und Giftpfeilen, die erst endet, wenn die Helden die Grenze der Tabuzone erreichen.

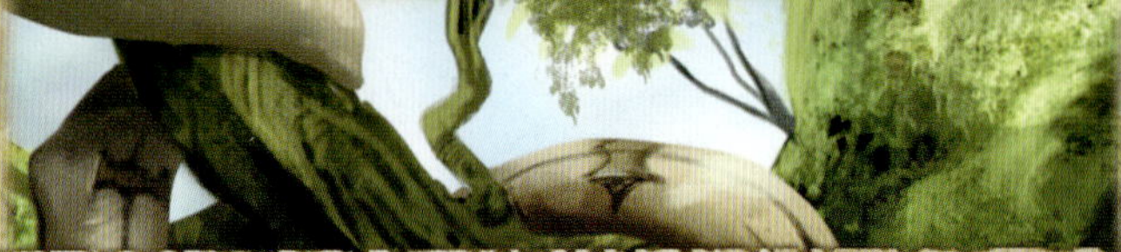

DIE SCHLUCHT

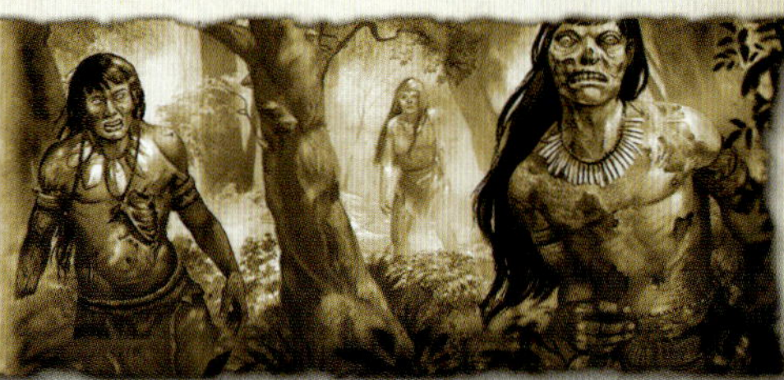

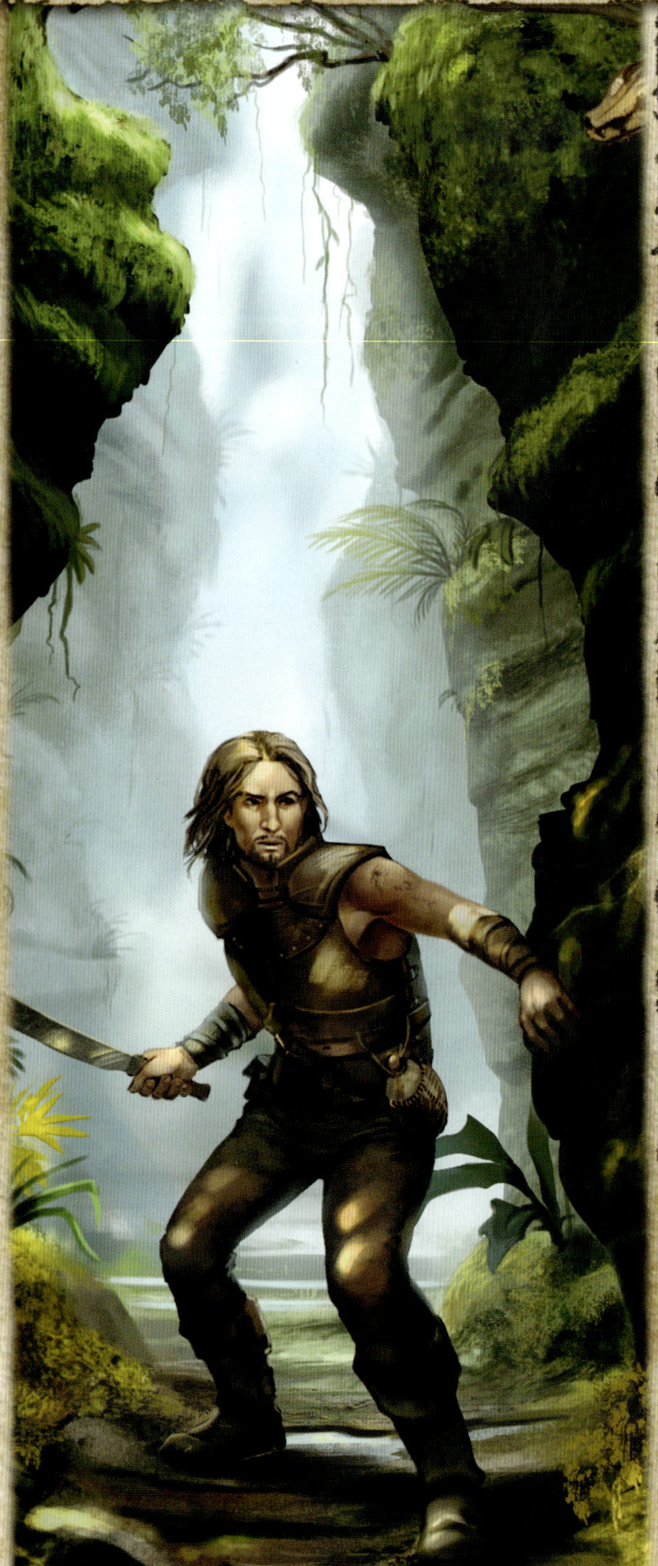

In diesem Kapitel erleben die Helden Mareks Ende und werden in dessen Folge von Untoten attackiert. Auf dem Weg zum Tempel kommen sie hinter Mareks eigentlichen Plan und begreifen, warum das Idol zurück an seinen angestammten Platz gebracht werden muss.

Schlüsselinformationen

Diese Informationen sollten die Helden bis zum Ende des Abschnitts auf jeden Fall erhalten:

- Marek hat mit dem Diebstahl des Idols einen Fehler begangen, den die Helden nun ausbügeln müssen, indem sie das Idol zurück in den Tempel bringen.
- Marek hat seine Seele der Schlucht verschrieben, um den Diebstahl ungeschehen zu machen. Solange er am Leben war, hielt der sandige Boden die Untoten gefangen.
- Marek wusste während der gesamten Reise, dass er in der Schlucht sterben würde. Er hoffte aber, dem dämonischen Drang lang genug widerstehen zu können, um das Idol selbst zurückzubringen.

Mareks Tod

Vom Dorf aus beginnt der lange Abstieg über mehrere Terrassen. Die Schlucht kann nach einem Tag erreicht werden, von hier aus dauert es anderthalb Tage bis zum Tempel. Bis auf die geschnitzten Warnpfähle, die den Rand der Tabuzone markieren, gibt es wenig Spektakuläres. In diesem Tal ist es merkwürdig ruhig, und der Eindruck verstärkt sich, je näher die Helden der Schlucht kommen.

Der Sturz

Während der Nachtwache bemerken die Helden, dass sich Marek aus dem Lager entfernt. Er legt den Truhenschlüssel ab, den er um den Hals trägt, beschwert mit einem Stein den Abschiedsbrief und die Karte, die er den Helden hinterlassen will und begibt sich zielstrebig zur Schlucht. Dort zögert er noch einen Moment und springt dann in den Tod.

Gönne den Helden hierfür eine große Szene mit bedeutungsvollen Worten und bestenfalls tränenreichem Abschied. Mareks Tod soll ein schmerzhafter Verlust sein. Sein Körper prallt im Sturz auf ein Plateau, sodass Marek nicht in der Schlucht selbst stirbt. Daraufhin steigt langsam der Sand der Schlucht, um ihn aufzunehmen. Auf diese Weise ist es möglich, dass sich das Yaq-Hai seines Körpers bemächtigt, bevor die Schlucht ihn aufnimmt. Die Helden können Marek durch Fesseln oder Magie aufhalten, doch nur für eine begrenzte Zeit. Spätestens beim Transport über die Brücke (siehe unten) holt sich die Schlucht, was ihr zusteht: Die Verankerungen der Brücke reißen aus dem Gestein und die Helden können sich mit knapper Not selbst retten. Davor wird Marek immer wieder Fluchtversuche unternehmen.

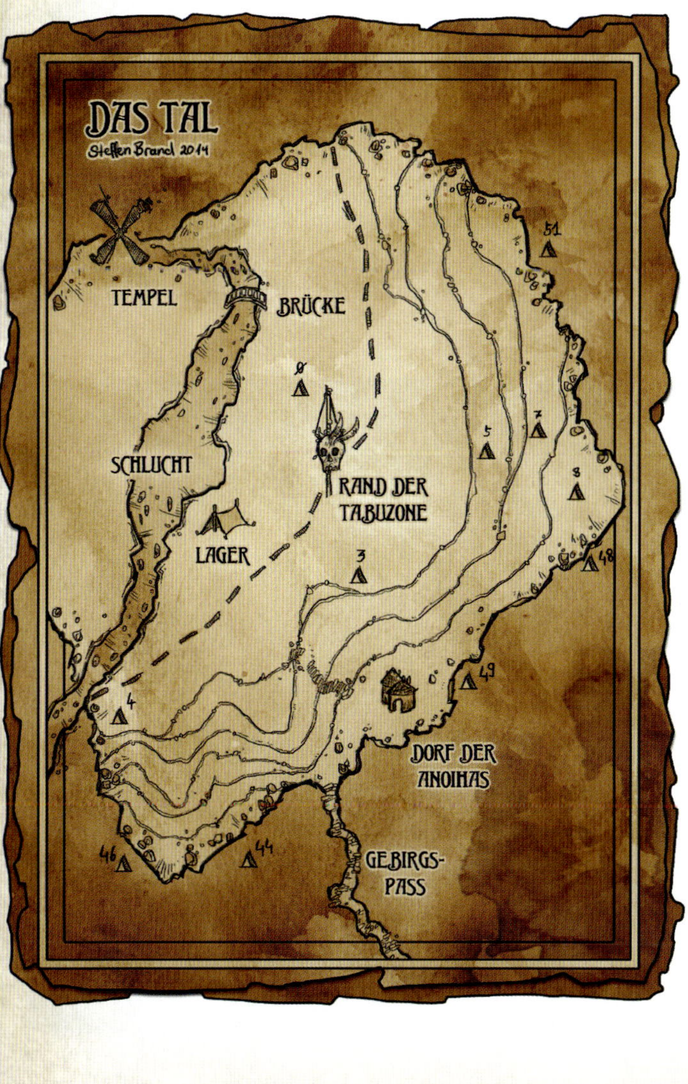

Das Erbe des Forschers

Marek hinterlässt den Helden neben seinem geheimen Vorrat und dem Idol des Kaujok-Limi eine handgezeichnete Karte der Umgebung (siehe links) sowie einen Abschiedsbrief, der letzte Fragen beantwortet.

Liebe Freunde,

bitte verzeiht, dass ich euch so schmählich im Stich lasse. Mit dem Diebstahl des Idols brach ich einst ein magisches Gefäß, in das die Wapa-Tonsha dämonische Mächte bannten, die Untote erwecken. Die Fratzen in der Schlucht retteten mein Leben und nutzten die Kraft meiner Seele, um das Gefäß erneut zu schließen. Mit meinem Tod endet dieser Schutz. Ich hoffte, diese Sache selbst in Ordnung zu bringen. Doch ich kann dem Zwang, der auf mir liegt, nicht länger widerstehen. Heute muss ich meinen Teil des Handels einlösen.

Bald werden sich die Untoten wieder erheben, und ihr Weg wird viele Leben kosten. Steht das Idol wieder an seinem Platz, kommen sie hoffentlich zur Ruhe. Bitte, bringt es zurück und erneuert die Fallen, die ich einst entschärfte.

Ich hoffe, wir sehen uns nicht wieder.

Es tut mir leid.

Das Erwachen

Mit Mareks Tod erheben sich zahlreiche Untote aus vergangenen Jahrhunderten. Sie sind unterschiedlich stark verwest, manche wurden durch Wudu-Rituale übel zugerichtet, andere stammen sogar aus Zeiten der Echsenherrschaft.

Die Dunkelheit der Nacht begünstigt Untotenaktivitäten. Bis zum Morgengrauen müssen sich die Helden einiger Angriffswellen erwehren. Die Kenntnis entsprechender Rituale oder Liturgien kann hier einen wesentlichen Unterschied machen. Geweihte erweisen sich an dieser Stelle als sehr effektiv, denn sie können mittels des Kleinen Schutzsegens einen Bannkreis errichten, der die Untoten aufhält (siehe **Regelwerk** Seite **245**).

Am Tag durchstreifen nur vereinzelte Untote die Schatten des Dschungels, ihr Geruch hält Tiere weitgehend fern. Am Rand der Schlucht strahlt die Sonne noch heller, und so sind die Helden hier relativ sicher.

Die Wertekästen dieser Gegner sind im Anhang ab Seite **54** zu finden.

Über die Brücke

Am Abend des nächsten Tages erreichen die Helden eine Hängebrücke aus Holz und Seilen, die gut 30 Schritt weit über die breite Schlucht führt. Sobald sie die Brücke sehen, hören sie hinter sich (Anzahl der Helden x 2) untote Verfolger und treten wahrscheinlich die Flucht nach vorne an. Wenn sie sich auf der Brücke befinden, kommen ihnen (Anzahl der Helden x 2) weitere Tschumbies von der anderen Seite aus entgegen.

Anstatt sich durch die Untoten zu kämpfen, können die Helden auch die Brücke im Kampf nutzen:

- Um einen Untoten über das Geländer zu werfen, muss eine Vergleichsprobe zwischen *Körperbeherrschung* des Helden und des Untoten gewonnen werden. Scheitert der Held, hat der Untote einen Passierschlag gut.
- Um die Brücke zum Einsturz zu bringen, muss man mit wuchtigen Waffen auf ihre schwächste Stelle schlagen (Probe auf *Mechanik* notwendig, um die Stelle zu entdecken). Die Brücke hat an dieser Stelle 40 Strukturpunkte. Stürzt sie ein, reißt sie 1W6 Untote in die Tiefe. Helden können sich mit einer Probe auf *Körperbeherrschung* retten oder erleiden sonst Sturzschaden (1W6 + 2 Schritt), wobei sie glücklicherweise auf einem Vorsprung landen. Allzu unglückliche Stürze können notfalls auch durch Eintauchen in den Treibsand abgefangen werden – was allerdings einen Handel mit der Schlucht nach sich ziehen dürfte.

Paktieren mit der Schlucht

Die Schlucht gilt als siebengehörnter Diener Agrimoths, der zwei Aufgaben erfüllt: Erstens bildet er ein Gegengewicht zur starken Thargunitoth-Präsenz in dieser Gegend. Zweitens soll er Pakte vermitteln.

Wer sich nahe der Schlucht aufhält, wird immer wieder von der Lust übermannt, in sie hineinzuschauen und die rätselhafte Schönheit der Gesichter zu bewundern, die der fließende Sand bildet. Helden in Bedrängnis erhalten rasch Hilfsangebote, und die Schlucht gewährt auch einige Paktgeschenke Agrimoths (siehe Seite **50**). Als Gegenleistung fordert sie dasselbe wie von Marek: Eine Rückkehr nach dreizehn Jahren.

Da die Platzierung des Idols im Interesse der Schlucht liegt, können geschickt verhandelnde Helden diese Gegenleistung auf das Doppelte oder Dreifache an Jahren herauszögern. Trotzdem gelten sie fortan als Paktierer.

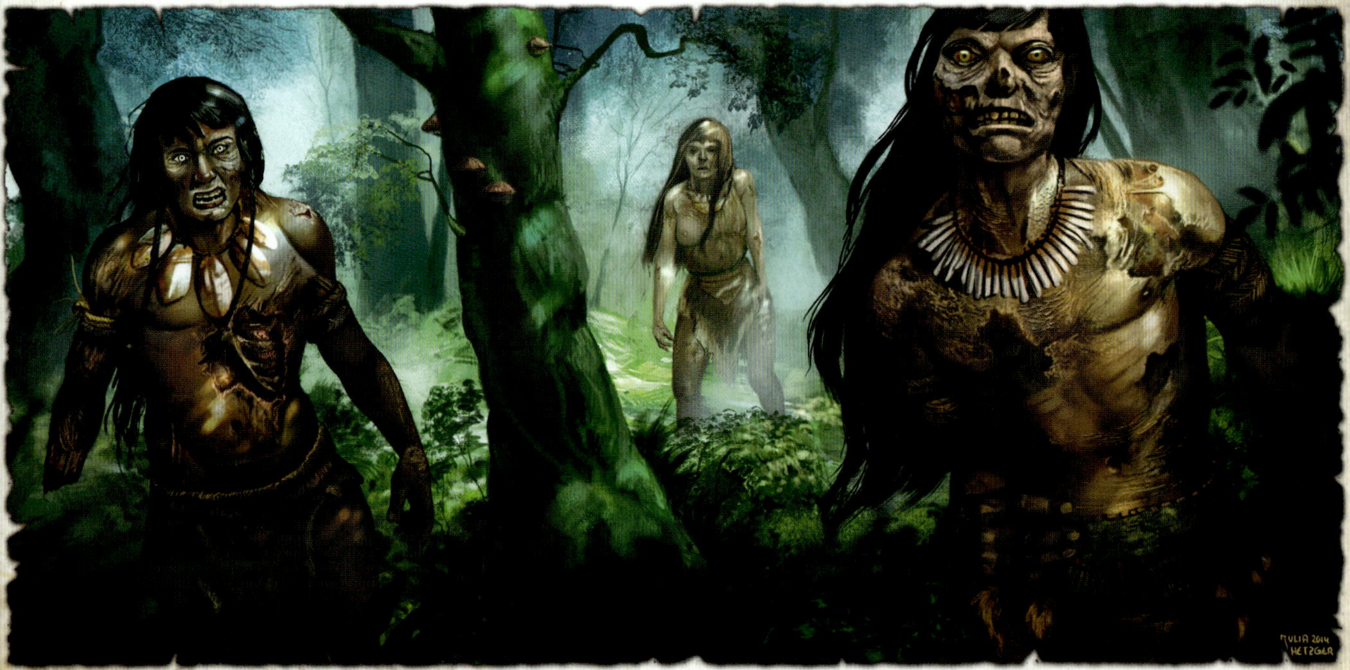

Wenn du Zweifel hast, dass deine Spieler die Szene an der Schlucht mögen werden, sollte das Ritual zur Brechung der Beherrschung (siehe Seite **33**) leichter gelingen. Statte Tiki-Ta mit deutlich höherem FW für ihre Zeremonie aus.

Die Schlucht selbst kann versuchen, den Helden zu schaden – willkürlich oder weil sie Mareks Handel mit ihr brachen. Auf dem Weg zum Tempel attackiert sie die Helden zusätzlich mittels Ranken (AT 14, TP 1W6 + 3, 5 LeP).

Der Tempel

Das Finale führt die Helden anschließend in einen fallengespickten Tempel. Hier sollen sie in Ordnung bringen, was Marek einst verbrach, indem sie das Idol an seinen angestammten Platz zurückstellen und so das magische Gefäß wieder verschließen.

Dämonisches Wirken

Mit Mareks Tod wird an diesem Ort die Macht Thargunitoths freigesetzt und trifft mit dem Wirken Agrimoths aufeinander. Die dämonische Umgebung erschwert einerseits Liturgien. Andererseits kann das Wirken mächtiger Zauber chaotische Nebeneffekte haben, vom plötzlichen Verdorren eines Moosbettes über einen spontanen modrig stinkenden Wirbelwind bis hin zur Belebung des mitgeführten Fleischproviants oder spontanem Nachgeben von scheinbar stabilen Stützpfeilern. Im Tempel ist das Wirken von Liturgien grundsätzlich um –2 Punkte erschwert und es kann zu chaotischen Effekten führen, wenn die Macht der Götter gerufen wird.

Einsatz von Untoten

Neben den Fallen bedrohen auch hier zahlreiche Tschumbies die Helden. Einige von ihnen haben weitere Fallen ausgelöst und können als Warnung vor weiteren dienen. Andere irren herum oder erheben sich erst in Anwesenheit lebender Wesen. Innerhalb des Tempels nehmen ihre Angriffe weiter zu, immerhin befindet sich hier das Zentrum ihrer Erstehung. Du kannst an beliebigen Stellen des Plans Untote erheben, wenn die Spieldynamik nach einem Kampf verlangt.

Neben den Fallen im Tempel dienen sie dazu, die Spannung hoch zu halten, den Helden aber nicht ernsthaft zu schaden. Halte diese zufälligen Kämpfe also eher kurz und setze die Untoten in Unterzahl ein.

Zusätzlich zu Tschumbies und Skeletten durchstreift auch ein Ghul (Werte siehe Seite **57**) den Tempel, der schon stinkende Spuren hinterlassen haben kann, aber erst im letzten Drittel des Tempels auch wirklich auftauchen sollte.

Improvisation

Gerade an den Untoten können Spieler auch unkonventionelle Kampfmethoden ausprobieren und die Umgebung für ihre Zwecke nutzen, indem sie QS aus passenden Fertigkeitsproben einsetzen. Eine Probe benötigt üblicherweise 1 KR.

Der Tempel bietet beispielsweise folgende Möglichkeiten zur Improvisation:

- Die Tempelgänge sind durchwuchert von zahlreichen Schlingpflanzen. *Pflanzenkunde* eröffnet Informationen über Stabilität und Reichweite der jeweiligen Lianen und ihre „Sollbruchstellen". Ein Ruck an der richtigen Stelle kann eine Ranke aus der Verästelung reißen und einen Gegner aus dem Gleichgewicht bringen (unparierbare Attacke).
- Die Wände und Decken des Tempels bestehen aus Steinplatten. Nach Bedarf kann es hier aber auch Elemente aus Holz oder sogar Eisen geben. Mit entsprechendem Werkzeug und Proben auf *Steinbearbeitung* (bzw. *Holzbearbeitung* oder *Metallbearbeitung*) können Helden brüchige Bauelemente an der richtigen Stelle verletzen, sodass sich Trümmer oder Schutt auf einzelne Gegner ergießen (1W6 bis 3W6 TP).
- Säulen, Statuen und große Amphoren lassen sich mit einfachen Hebeln oder rohem *Kraftakt* umwerfen und verursachen 1W6 bis 3W6 TP. *Mechanik* ermöglicht genaues Zielen und Abpassen des richtigen Zeitpunkts.
- Im Tempel gibt es kleine Nebenräume und Alternativgänge, die nicht zwangsläufig auf der Karte stehen. Per *Schlösserknacken* verschlossene Gittertüren können Tschumbies ein- oder aussperren. Einmal geöffnet, ermöglichen sie strategischen Rückzug oder Lenkung der Gegner durch beengtes Kampfareal. Ein Scheitern lässt das Schloss verkanten und erschwert erneute Versuche.

Leichenfledderei

Da die Helden von Marek keine materielle Belohnung mehr erwarten können, sollte der Tempel selbst einige Schätze bergen, die sich in Städten versilbern lassen. Erstes Mittel der Wahl sind goldene oder edelsteinbesetzte Grabbeigaben, die Untote am Körper tragen können. Mit borongläubigen Helden kann dies jedoch schnell zum Konflikt führen, sodass auch Alternativen möglich sind, beispielsweise:

- Gescheiterte Grabräuber, die ganze Säcke mit Wertsachen trugen. Solches Diebesgut kann „sichergestellt" werden.

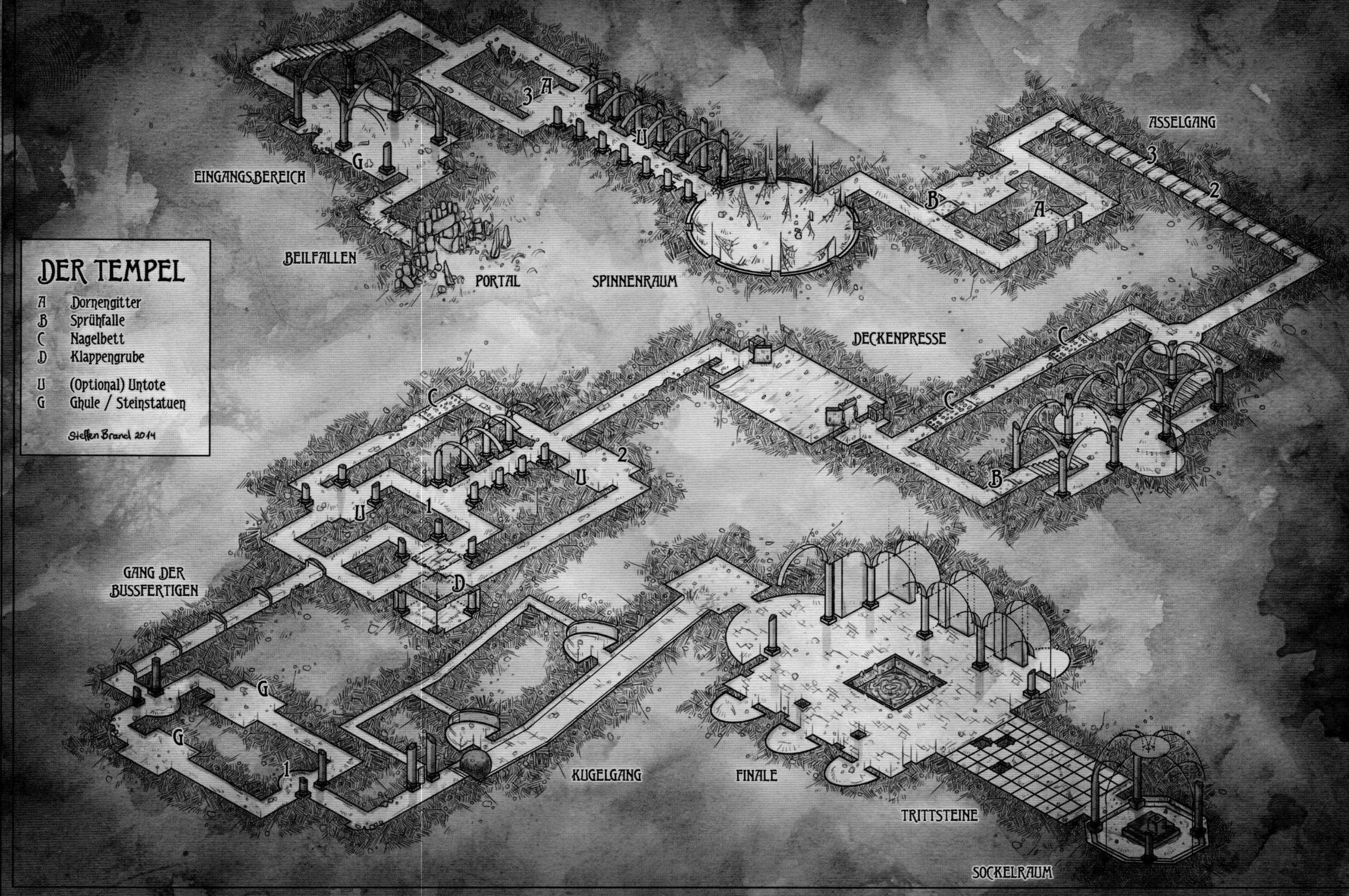
DER TEMPEL
A Dornengitter
B Sprühfalle
C Nagelbett
D Klappengrube
U (Optional) Untote
G Ghule / Steinstatuen
Steffen Brand 2014
EINGANGSBEREICH
BEILFALLEN
PORTAL
SPINNENRAUM
ASSELGANG
DECKENPRESSE
GANG DER BUSSFERTIGEN
KUGELGANG
FINALE
TRITTSTEINE
SOCKELRAUM

- Zerbrochene Amphoren und herumstehende Truhen, deren Besitzer sich nicht eindeutig zuordnen lassen.
- Verlassene Nester von unheimlichen Tieren, die aus Neugier glitzernde Gegenstände angesammelt haben.
- Kunstgegenstände, die definitiv nicht von Achaz, Wudu oder Anoiha stammen und darum gar nicht in den Tempel gehören, zum Beispiel Beute, die Jutu-Jindi und Brago hier versteckt hielten.
- Opfergaben an die Schlucht, die sie bei einem „Hochwasser" hier ausgespuckt hat.
- Agrimoth- oder Thargunitoth-Paraphernalia sowie andere Besitztümer von unglücklichen Beschwörern, bei denen man gar nicht genau wissen will, wie sie ausgerechnet hierherkamen.

An manche dieser Funde können sich weitere kleine Geschichten anschließen, sofern die Helden sich dafür interessieren. Am Ende sollte jeder Held das Abenteuer mit einem Gegenwert von mindestens 75 Dukaten verlassen.

Geheimgänge

Geheimgänge dienten den Eingeweihten dazu, die Fallen des Tempels zu umgehen und sie gefahrlos warten zu können. Sie sollen den Rückweg der Helden erleichtern, darum sollte der Eingang (also der *erste* Zugang, den die Helden passieren) deutlich schwerer zu finden sein als der Ausgang: Eingänge liegen beispielsweise in zwei bis drei Schritt Höhe, verborgen durch einen Sims. Oder sie sind hinter massiv aussehenden Säulen und Wänden verborgen, die größtenteils von Geröll verdeckt werden und die man nur findet, indem man sie versehentlich anstößt. Ausgänge befinden sich eher in Augenhöhe und können durch Schleifspuren am Boden, unregelmäßigen Pflanzenbewuchs oder auffällige architektonische Ausbuchtungen gefunden werden. Die Zahlen 1–3 auf dem Plan markieren jeweils einen der Geheimgänge mit Ein- und Ausgang.
Um einen der Geheimgänge zu entdecken, ist eine Probe auf *Sinnesschärfe (Suchen* oder *Wahrnehmen)* –3 notwendig. Durch einen Kritischen Erfolg bei einer AT oder PA kann durch Zufall einer der Gänge entdeckt werden.

Die Bedeutung von Ausrüstung

Spätestens hier macht es einen wesentlichen Unterschied, wie viel Ausrüstung die Helden bis hierher mitbringen konnten. Ein Hundertstel der verbliebenen Ausrüstungspunkte entspricht dem Ausrüstungswert, mit dem die Helden den Tempel betreten. Wann immer Zweifel bestehen, ob bestimmte Werkzeuge oder Materialien vorhanden sind, kann dies anhand eines Würfelwurfs festgestellt werden.
Insbesondere die Beleuchtung spielt ab jetzt eine Rolle. Lege im Zweifel anhand des Ausrüstungswertes fest, welche Leuchtmittel die Helden mit sich führen, und inwiefern sich dies auf das Entdecken von Fallen auswirkt. Spätestens jetzt sollte konkret gemacht werden, wie viele Lichtquellen es gibt und wer sie trägt. Notfalls lassen sich auch aus Leichentüchern und Knochen ein paar Fackeln improvisieren.
Je Schwelle schwankt das Licht zwischen schemenhaft und silhouettenhaft erkennbar. Beachte, dass die Untoten nicht mit ihren Augen sehen, sondern eine magische Wahrnehmung besitzen und nicht von der Dunkelheit eingeschränkt werden.

Fallen

Marek hat bei seinem Besuch eine Reihe von Fallen umgehen können. Ein paar löste er selbst aus, in einige tappten die Untoten und wieder anderen haben Satinavs Hörner zugesetzt. Seitdem sind dreizehn Jahre vergangen, sodass die Helden an einigen Stellen auf ihr Glück hoffen dürfen, an anderen aber um ihr Leben fürchten müssen.
Es kann trotzdem nicht schaden, die Helden durch unglückliche Vorgänger oder das plötzliche Ableben eines Chirakah oder Wapa-Tonsha auf die Gefährlichkeit dieser Fallen aufmerksam zu machen.
Im Plan findet sich eine Reihe von Vorschlägen, wo Brago und Jutu-Jindi Fallen eingebaut haben können. Bei 1–2 auf 1W6 ist eine Falle unbrauchbar und dient nur der Spannung, indem Proben abgelegt werden können und sich der Auslöser durch Klicken oder Schaben bemerkbar macht.
Von Marek haben die Helden den Auftrag erhalten, die Fallen wieder instand zu setzen, um anderen Eindringlingen den Zugang so schwer wie möglich zu machen. Wenn die Helden sich dazu entschließen, sollten sie pro Falle eine Probe auf ein passendes Talent (*Mechanik*, *Schlösserknacken*, aber auch *Holzbearbeitung* oder *Steinbearbeitung*) ablegen, wobei jede Probe 5 Minuten dauert. Bei Scheitern besteht die Gefahr (1–3 auf 1W6), die Falle versehentlich auszulösen und von ihr getroffen zu werden.
Folgende generische Fallen finden sich im Tempel:

Dornengitter

Konstruktion: An der Decke eines relativ breiten Gangstücks ist versteckt ein schweres Eisengitter mit Dornen angebracht. Es wird an der einen Seite von einem Riegel, an der anderen durch Scharniere gehalten. Der Riegel ist mit einem Stolperdraht verbunden. Wird dieser gezogen, öffnet sich der Riegel und die Wucht des Gitters nagelt das Opfer gegen die Wand des Ganges.

Schaden: 4W6 TP, aber nach gelungener Probe auf *Sinnesschärfe (Suchen* oder *Wahrnehmen)* eine Chance zum Ausweichen.

Entdecken: –1 (Draht oder Gitter sichtbar, Einschlaglöcher an der Wand)

Entschärfen: Der Draht kann durchgeschnitten oder aus sicherem Abstand gezogen werden, das Gitter lässt sich recht einfach abstützen (trivial).

Instandsetzen: Der Draht muss neu gezogen (*Fesseln*), das Gitter wieder nach oben geklappt (*Kraftakt* oder *Mechanik*) werden, die Speere neu geschliffen (trivial).

Treffen die Helden ein zweites Mal auf die Falle, zieht der Stolperdraht nicht am Riegel, sondern hält das Gewicht des Gitters. So löst die Falle nicht durch Stolpern aus, sondern beim Durchschneiden des Drahtes.

Nagelbrett

Konstruktion: Eine auf Sprungfedern gelagerte Bodenplatte ist mit Löchern versehen. Darunter befinden sich aufrechtstehende Klingen. Tritt ein Opfer auf die Platte, bohrt sein Gewicht ihm die Klingen in den Fuß.

Schaden: 1W6 + 2 TP

Entdecken: –2 (Bodenbeschaffenheit, Klingenschlitze sichtbar)

Entschärfen: Kann leicht übersprungen werden (*Körperbeherrschung*). Tücher, Mäntel oder Bretter dienen zur Abdeckung der Klingen. *Mechanik*: Man kann die Platte leicht ausheben und verdreht wieder einsetzen, sodass die Löcher unbrauchbar werden.

Instandsetzen: Klingen müssen geradegebogen oder geschärft (*Metallbearbeitung*), verschobene Platten richtig eingesetzt werden (*Mechanik*).

Sprühfalle

Konstruktion: Eine steinerne Wanne, gefüllt mit Petroleum und abgedeckt durch eine Platte mit winzigen Löchern. Druck auf der Platte lässt die Flüssigkeit in verschiedene Richtungen und auf das Opfer spritzen.

Schaden: Opfer wird bei 1–4 auf 1W6 mit Petroleum bedeckt. Pro Schritt Abstand sinkt die Wahrscheinlichkeit vollgespritzt zu werden um 1. Jede offene Feuerquelle in Reichweite entzündet, sofern von Petroleum getroffen, bei 1W6: den Träger (1–2), seinen Vordermann (3), beide (4), den Träger und die zwei nächsten Gefährten (5), niemanden (6). Dabei verursacht es den Status *Brennend* auf kleiner Fläche.

Entdecken: –2 (Bodenbeschaffenheit, Düsen sichtbar, Geruch)

Entschärfen: Überspringen wie Nagelbrett, ansonsten können auch die Düsen verstopft werden (*Mechanik*).

Instandsetzen: Düsen können freigekratzt werden (trivial), das Petroleum nachgefüllt (benötigt 3 Maß Flüssigkeit).

Klappengrube

Konstruktion: Unter dem Gang befindet sich eine etwa drei Schritt in alle Richtungen ausgedehnte Grube, an deren Boden sich 1W6 + 4 Mysobvipern (Werte siehe Seite **59**) winden. Die hölzerne Abdeckung ruht auf einer Achse, die quer durch den Boden verläuft. Wird sie betreten, gibt die Abdeckung nach, das Opfer fällt in die Grube und die Abdeckung vollzieht eine Drehung um 180°, was die Grube von oben verschließt.

Schaden: 3W6 – 3 SP Sturzschaden, kann durch *Körperbeherrschung* verringert werden. Das Opfer zerquetscht beim Aufprall 1W6 Schlangen. Die anderen sind zunächst verwirrt, greifen aber nach frühestens 1W3 KR an. Mitgeführte Lichtquellen können kampfentscheidend sein, Flucht ist die bessere Alternative (*Klettern* –3; jede QS aus *Kraftakt* von maximal 2 helfenden Gefährten erleichtern *Klettern* um +1; bei Misslingen unparierbare Attacken der Schlangen).

Entdecken: –2 (Bodenbeschaffenheit, Mauerwerk am Scharnier verstärkt, Tiergeräusche)

Entschärfen: Die Falle kann durch einen gewagten Sprung überwunden (*Körperbeherrschung* –2) oder mit massiven Keilen blockiert werden. Überbrücken ist möglich, sofern man eine entsprechend lange Planke oder Vergleichbares mitführt.

Instandsetzen: Die Tarnung kann verbessert werden, indem man die Klappe mit Staub und Bewuchs bedeckt (*Verbergen*). Eine brüchige Holzklappe kann ersetzt werden (*Holzbearbeitung*). Neue Schlangen können hinzugefügt werden (*Tierkunde* –2, um Revierkämpfe der Tiere zu vermeiden).

Erhöhe die Wahrscheinlichkeit für fehlerhafte Fallen auf zwei Drittel. Vor Marek können noch andere Unglückliche hier eingedrungen sein, deren Knochen vor Fallen warnen.

Ersetze die Nagelbretter durch Klappengruben oder Dornengitter.

Besondere Räume

Diese Räume verdienen besondere Aufmerksamkeit, weil sie bestimmte Regelmechanismen enthalten und für einzigartige Situationen sorgen sollen.

Das Portal

Der Weg zum Tempeleingang ist vom Dschungel zugewuchert und gesäumt von verwitterten, grausigen Steinbildern. Als Warnung für leichtsinnige Reisende stellen sie die bösen Geister dar, die schon die Wudu im Tempel ausgemacht hatten: Vorherrschend sind Darstellungen von mumifizierten, skelettierten oder panisch brüllenden Menschen, Achaz und Raubtieren. Man findet aber auch unförmige Gebilde, die magiekundige Helden als Darstellungen von Sand- und Felsgolems interpretieren können.
Der Eingang ist ein gedrungenes Portal aus klobigen Steinen, in das einst Yash'Hualay-Glyphen eingemeißelt wurden. Teile der Glyphen werden jedoch verdeckt von Gestecken aus Wurzeln, Knochen, geschliffenen Kieseln und Zähnen, die brettharter Kleber an den Steinen hält. Das zweiflüglige Tor besteht aus massivem Mohagoni-Holz und liegt außerhalb des Tempels.
Im Eingangsbereich liegen Reste von Skeletten, die von den Fallbeilen am Eingang zerhauen wurden (zum Erkennen: *Heilkunde Wunden,* zur Falle siehe unten).

Beobachtungen um den Eingang

Diese Informationen sollen den Helden Hinweise auf den tatsächlichen Hintergrund der Tempelentstehung und der magischen Vorgänge geben. Sie können entweder direkt am Portal, oder, sofern glaubwürdig, auch vor und nach dem Betreten des Tempels preisgegeben werden.

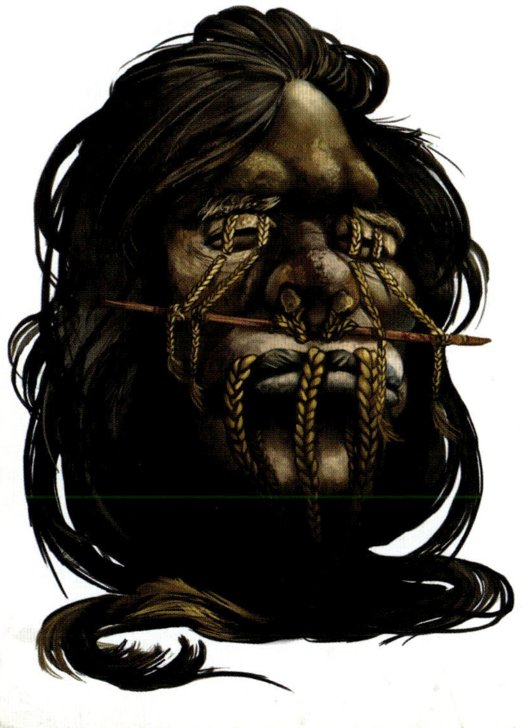

Probe auf *Fährtensuchen*

QS 1 - Seit die Helden an der Schlucht waren, wurde der Tempel von zahlreichen, relativ leichten Menschen verlassen, die eher schlurften als liefen. Darum sind viele Spuren verwischt. Zwei größere Raubkatzen gingen hinein und wieder hinaus.
QS 2 - Die Tiere sind hinausgerannt. Die Menschen trugen typisches Schuhwerk der Anoiha oder waren barfuß, mit teilweise skelettierten Füßen.
QS 3 - Eines der Tiere war bei der Flucht am Hinterlauf verletzt und lief unregelmäßig. Die Menschen verließen den Tempel nicht zielstrebig, einige von ihnen sind auch wieder in sein Inneres zurückgekehrt.

Probe auf *Holzbearbeitung*

QS 1 - Das Tor ist aus regelmäßig gesägten Brettern gefertigt, was Technologie voraussetzt, die die Anoiha nicht kennen. Sein Holz ist von der allgegenwärtigen Feuchtigkeit gewellt und verzogen, sodass es nicht mehr in die Fassung passen dürfte – es liegt wohl schon einige Jahre hier.
QS 2 - Das Tor wurde mit modernem Werkzeug aus den Angeln gehoben, wahrscheinlich von Marek. An versteckter Stelle trägt es eine Gravur in Rogolan, wahrscheinlich das Markenzeichen des Herstellers – sowas ist seit mehreren Jahrhunderten üblich, allerdings nur in Städten.
QS 3 – Für Verzauberungen eignet sich dieses Holz nicht, und ein zwergischer Hersteller dürfte auch nichts mit Zauberei am Hut gehabt haben.
QS 4 - Die Gravur stammt von Brago Sohn des Brigosch, einem zwergischen Mechanicus aus Fasar. Vor etwa 200 Jahren veröffentlichte er das Buch *Schweiß und Regen – Von Konstruktion und Wartung komplexer Mechanismen bei hoher Luftfeuchte. Ein Erfahrungsbericht.*

Probe auf *Geschichtswissen (Tiefer Süden)*

QS 1 - Die Glyphen stammen von den Vorfahren der Achaz. Sie müssen jahrtausendealt sein – ebenso wie dieser Tempel.
QS 2 - Die vielen Untoten, die Steinbilder auf dem Weg hierher und auch einige versteckte Symbole im Tempel weisen auf eine Zweitnutzung durch die blutrünstigen Wudu hin, die während der Dunklen Zeiten in dieser Gegend hausten.
QS 3 - Tür und Fallen sind etwa 200 Jahre alt. In dieser Zeit sollen ein Schamane namens Jutu-Jindi und Brago Sohn des Brigosch aus rätselhaften Gründen in den Urwald gezogen sein.
QS 4 - Mehr Informationen über Jutu-Jindi und Brago (siehe *Holzbearbeitung* und *Magiekunde*).

Probe auf *Steinbearbeitung*

QS 1 - Das Gestein des Tempels ist das gleiche wie das am Rand der Schlucht. Die Statik des Tempels ist merkwürdig, wahrscheinlich lastet großer Druck auf dem Mörtel zwischen den Steinen.
QS 2 - Die Steine sind außerordentlich glatt geschliffen, aber rauer als Flusskiesel. Die Maserung des Gesteins deutet auf extrem lange Behandlung mit feinem Sand hin.
QS 3 - Keiner dieser Steine wurde auf natürliche Weise abgeschliffen, aber auch nicht von Handwerkern. Sie wirken unangenehm regelmäßig. Der Mörtel ist auffällig fein und bildet unnatürliche Muster. Wahrscheinlich wurde er aus dem Sand der Schlucht angerührt.

Probe auf *Magiekunde*

QS 1 - Glyphen dieses Alters sind entweder sehr mächtig oder unbrauchbar. Die Gestecke deuten auf Schamanenriten hin. Angesichts der starken Untotenaktivität ist hier mit Thargunitoth-Einfluss zu rechnen.
QS 2 - Echsische und schamanische Rituale sind sehr unterschiedlich. Wenn hier beides wirkt oder wirkte, kann es zu Wechselwirkungen kommen – insbesondere unter erzdämonischem Einfluss. Andererseits weist die Nähe zur Schlucht auf Agrimoth hin, was chaotische Effekte noch verstärken könnte. Der Tempel diente durch die Jahrhunderte wohl sehr unterschiedlichen Zwecken – vom echsischen Heiligtum über einen nekromantischen Selbstbedienungsladen bis hin zur mystischen Schatzkammer ist vieles denkbar.
QS 3 - Der nekromantische Aspekt lässt sich auf Wudu-Magie während der Dunklen Zeiten zurückführen. Dieser ist eine Anoiha-Schamanin von Tiki-Tas Kaliber ebenso wenig gewachsen wie altechsischer Beschwörungsmagie. Sofern sie den Schutz des Tempels wirklich aufrechterhielt, erneuerte sie nur vorhandene Zauber.
QS 4 - Als Urheber kommt der vor 200 Jahren verschollene Anoiha-Schamane Jutu-Jindi infrage (siehe Seite **6**), Freund eines zwergischen Feinmechanikus aus Fasar und mächtiger Exorzist.

Magische Analyse

QS 1 - Die Magie der Glyphen ist längst verflogen, die Magie der Gestecke ist sehr schwach, das Tor ist profan. Der Mörtel in den Mauerfugen ist schwach magisch – und zwar gleichmäßig im gesamten Mauerwerk (gleicher Befund, wenn man die Wände im Inneren des Tempels betrachtet).
QS 2 - Tatsächlich verfliegt die Magie der Gestecke gerade, wenn auch recht langsam.
QS 3 - Vor Mareks Tod waren in ihnen gut 50 AsP gebunden.
QS 4 - Die Fugen wurden von Kristallomanten verzaubert. Die Gestecke sind schamanischer Natur. Vor kurzem wurden die Gestecke zerstört, ihre Strukturen lösen sich auf. Die Glyphen dienten als Fokus für die dämonische Magie. Seit sie ihre Kraft verloren, ist diese Magie vorhanden, aber ungerichtet aktiv. Die schamanischen Gestecke hatten eine sehr viel einfachere Struktur. Sie griffen auf ausgefranste Muster der dämonischen Strukturen zu und sollten diese versiegeln. Die zerfransten dämonischen Strukturen an den Rändern dieser Risse weisen konzentrisch auf einen Punkt unterhalb des Tempels hin.

Der Eingangsbereich

Der Weg in den Tempel führt durch einen etwa 10 Schritt langen, überdachten Korridor. In unregelmäßigen Abständen sind hier vier Schächte für Fallbeile angelegt, die Eindringlinge spalten können (siehe unten). Diese Fallen wurden bereits von den Tschumbies ausgelöst und dienen vor allem als Warnung. Hat man sie überwunden, gelangt man in einen gekachelten Raum, in dessen Wänden mehrstöckige Alkoven liegen. Sie beherbergten die Untoten, denen die Helden auf dem Weg zum Tempel begegnet sind. Jetzt sind sie leer und neben einigen Überresten erinnert nur noch der Modergeruch an sie.
Hinter einem Portal an der Stirnseite des Raumes führt eine Treppe nach unten. Rechts und links des Portals wachen befremdliche Statuen mit Schildkrötenkörpern, die auf zwei Straußenbeinen stehen, Fledermausflügel und lange Arme mit kräftigen Klauen haben. Wer sich dem Portal nähert, wird von ihnen angegriffen (Werte siehe Seite **62**).

Fallbeil (4 x)
Konstruktion: Durch Belastung eines großen Trittsteins wird die Entriegelung je eines Beils geöffnet, das dann durch den Fallschacht nach unten saust.
Schaden: 1W20 + 10 TP
Entdecken: –2 (Schächte an den Seiten, stoßfangende Schwelle am Boden)
Entschärfen: Verkeilen oder Verstopfen des Fallschachts (*Mechanik*), Abstützen des Fallbeils (trivial)
Instandsetzen: Einmal in der richtigen Höhe (4 Schritt), wird das Fallbeil von einem einrastenden Schnappmechanismus gehalten (*Mechanik*). Das größte Problem ist, den Mechanismus zu erreichen.

Der Spinnenraum

Auf dem Weg zu diesem Raum passieren die Helden einen Bereich mit relativ dicht gesponnenen Spinnennetzen. Dahinter hat es vor kurzem einen Einsturz gegeben, der die vorhandenen Netze unter sich begrub, aber genügend Platz ließ, dass man leicht hindurchschlüpfen kann. Einige Schritt dahinter liegt ein Raum, den eine Gruppe Höhlenspinnen fast vollends zugesponnen hat. Einige Löcher in der Decke, durch die schummriges Licht fällt, sowie zahlreiche Knochen von Kleintieren lassen vermuten, wie die Spinnen sich hier ernähren konnten.

Helden, die offenes Feuer mit sich herumtragen, müssen hier besonders vorsichtig sein. Vor jeder Aktion müssen sie eine Probe auf *Körperbeherrschung* ablegen, um nicht versehentlich die Weben in Brand zu stecken. Fällt eine Fackel zu Boden, beginnt das Feuer unweigerlich und hinterlässt zudem beißenden Gestank.
Werte für die Höhlenspinne findest du im **Aventurischen Almanach** auf Seite **159**.

Der Asselgang

Dieser Gang ist der niedrigste der gesamten Anlage. Er ist bedeckt von Kakerlaken. Tritt man auf sie, fühlt es sich an, als bewege man sich auf maraskanischem Glücksgebäck. Die Helden müssen hier kriechen und entsprechende Erschwernisse hinnehmen. Ihnen lauert eine Gruftassel auf, die zwar nicht sonderlich gefährlich, aber deutlich besser an das Areal angepasst ist.
Werte für die Gruftassel findest du im **Aventurischen Almanach** auf Seite **161**.
Zusätzlich können hier später auch Tschumbies oder Skelette angreifen, die aber die gleichen Erschwernisse hinnehmen müssen wie die Helden.
Zwei Geheimgänge sind von hier aus erreichbar, um Fallen zu umgehen. Wer einen von ihnen entdeckt, kann sich hineinzwängen und gegebenenfalls einem von den Gefährten geschickt vor- oder zurückgetriebenen Gegner in den Rücken fallen.

Die Deckenpresse

An den beiden Außenseiten dieses Raumes sind morsche Holzkästen angebracht. Dahinter verbirgt sich kompliziertes Räderwerk, auf dessen Einzelteile ingerimmgefällige Symbole gemalt sind. Es wurde angelegt, um dem Kundigen eine Chance zu geben, die Deckenpresse (siehe unten) zu stoppen, bevor eventuelle Opfer zerquetscht werden. Am Türstock der Zugangstüren finden sich die gleichen Symbole in einer bestimmten Anordnung wieder – die Lösung eines Rätsels, die auf das Räderwerk übertragen werden muss. Ist die Falle aktiviert, kann sich jeder Held an einer Sammelprobe auf *Sinnesschärfe* beteiligen, um die Rätsellösung zu finden und mit dem Mechanismus in Verbindung zu bringen. Nach einem Teilerfolg (6 QS) müssen die restlichen Qualitätsstufen mit Proben auf *Mechanik* oder *Götter & Kulte* angesammelt werden. Sind insgesamt 10 QS angesammelt, ist das Rätsel gelöst. Nun müssen noch die korrekten Einstellungen am Räderwerk hinter den sechs Kästen vorgenommen werden, um die Falle zu stoppen. Die Entfernung eines Kastens dauert 1 KR, jede Einstellung ebenfalls. Einmal angehalten, öffnen sich die Türen, die Decke hebt sich und das Rätsel dreht sich in Ausgangsposition zurück.

Deckenpresse

Konstruktion: Der Boden des gesamten Raumes ist mit einem Gegengewicht verbunden. Wird sein Boden mit mehr als 120 Stein belastet, schlagen die Türen des Raumes zu, aus den Löchern am Boden schnellen Spitzen und die an Ketten hängende Decke senkt sich 1W6 + 4 KR lang dem Boden entgegen, bis die Opfer zerquetscht werden.

Schaden: 1W6 + 2 durch Bodenspitzen (Ausweichen möglich), die Presse ist tödlich

Entdecken: –2 (Löcher am Boden, Holzkästen am Eingang, Boden wackelt minimal beim Betreten)

Entschärfen: Siehe oben. Man kann sich aus dem Raum retten, indem man die Türen aufbricht (100 Strukturpunkte). Alternativ kann man die Decke mit Gegenständen blockieren, die groß genug sind. Der Bruchfaktor derartig belasteter Gegenstände steigt pro KR um 1, doch solange der Gegenstand hält, senkt sich die Decke nicht weiter. Dünne Gegenstände bergen das zusätzliche Risiko, abzurutschen (pro KR 1–2 auf 1W6). Unzerstörbare Gegenstände bohren sich gegebenenfalls durch Boden und Decke (Durchbruch bei 1–3 auf 1W6, danach aber Geschwindigkeit der Decke halbiert). Ein Verbiegen der Klingen kann den letzten Schritt der Falle um 1–2 KR verzögern.
Um die Falle zu umgehen, ist es ratsam, sich nur einzeln durch den Raum zu bewegen und so die Belastungsgrenze von 120 Stein nicht zu überschreiten. Schwere Gegenstände können geworfen oder an Seilen gezogen werden. Außerordentlich schwere Helden sollten warten, bis das Rätsel einmal gelöst wurde und sich dann auf ihre Gefährten verlassen.

Instandsetzen: automatisch, sobald das Rätsel gelöst wurde

Die Decke kann deutlich länger brauchen. Alternativ reißt durch göttliche Fügung eine rostige Kette, die Decke saust auf einer Seite des Raumes herunter, verursacht 2W6 TP für jeden, der in dieser Hälfte des Raumes steht, und verkantet heillos.

Eine zusätzliche Hürde für rätselnde Helden kann Ungeziefer sein, das über das Räderwerk krabbelt. Das Einstellen der Lösung erfordert jeweils eine Probe auf *Selbstbeherrschung*, um sich zu überwinden und trotzdem hineinzugreifen. Zudem ist nicht gesagt, dass das Rätsel auf der einen Seite der Presse identisch ist mit dem auf der anderen Seite, das man eventuell beim Rückweg lösen muss. Mit jedem Auslösen der Falle kann auch das Räderwerk und damit die Rätsellösung verändert werden.

Der Gang der Bußfertigen

Wie bereits im Asselgang ist auch hier die Decke eingebrochen. Die Helden müssen sich kniend oder hockend voranbewegen und entsprechende Erschwernisse hinnehmen. Wiederum bieten sich Begegnungen mit Untoten an, die das gleiche Problem haben. Eine Ausnahme ist ein kleinwüchsiger Untoter, der genau die richtige Größe hat (und die gleichen Werte besitzt wie andere Untote). Die Helden sind in dieser Situation in einer schlechten Position, ihr Gegner erhält im Kampf alle Modifikatoren für eine *Vorteilhafte Position* (siehe **Regelwerk** Seite **238**).

Die Steinkugel

Hier wird der Gang durch eine steinerne Kugel von gut zwei Schritt Durchmessern versperrt. Sie wurde durch eine Engstelle im Durchgang aufgehalten. Die Helden müssen versuchen, sie den dahinterliegenden Gang hinaufzurollen und wieder in ihre ursprüngliche Verankerung zu stemmen. Die erfordert eine Gruppensammelprobe auf *Kraftakt* –3, maximal 2 Helden, 1 KR, 5 Versuche pro Held.

Nach der zweiten erfolgreichen Probe auf *Kraftakt* gibt die Kugel die Tür zu einer kleinen Kammer frei, aus der (Anzahl der Helden) Tschumbies (Werte siehe Seite **63**) auf die Helden eindringen. Da es sehr gefährlich ist, die Kugel jetzt freizugeben, müssen die Helden ihre Kräfte aufteilen. Bei einem Teilerfolg (6 QS) sind nachfolgende Proben nur noch um –1 erschwert. Ist die Sammelprobe nach 5 Versuchen nicht gelungen, hat sich die Kugel verkeilt und bewegt sich weder vor noch zurück.

Der Gang entspricht in Höhe und Breite ungefähr der Größe der Kugel und ist leicht abschüssig. Verlieren die Helden die Kontrolle über die Kugel, rollt sie über alles, was sich vor ihr befindet. Ein Überklettern ist einerseits aus Platzgründen nicht möglich, andererseits weil man von der anderen Seite aus ohne entsprechendes Werkzeug keine Chance hat, die Kugel nach oben zu ziehen – oder wieder zurück zu gelangen.

Sollte das Unterfangen scheitern, können sich die Helden noch immer in eine der Kammern neben dem Kugelgang flüchten. Diese sind durch einen Geheimgang verbunden, der im Gang vor dem unteren Kugelraum endet – und den die Helden nur entdecken sollten, wenn die Lage wirklich aussichtslos ist.

Kugelfalle

Konstruktion: Die Falle ist angelegt, um fliehende Tempeldiebe zu zermalmen. Wird das Gegengewicht im Allerheiligsten verändert (siehe unten), entsichert dies eine Trittplatte vier Schritt vor dem Lager der Kugel. Ein Betreten der Platte lässt das Lager kippen, die Kugel rollt aus ihrer Fassung und mit zunehmender Geschwindigkeit den Gang hinunter, bis sie den Fliehenden zerquetscht.

Schaden: 1W6 + 5 SP Grundschaden durch das Gewicht der Kugel. Die Start-GS von 1 erhöht sich jede KR um 3, der Schaden um 1W6. Nach 6 KR erreicht die Kugel das Ende des Ganges und prallt zurück.

Entdecken: –3 (nur die Bodenplatte; der Rest der Falle ist beim ersten Antreffen offensichtlich)

Entschärfen: Blockieren der Bodenplatte oder des Kippmechanismus durch kleine Keile (*Mechanik* –4), Aushebeln der Bodenplatte (*Mechanik* –2), Überspringen derselben (*Körperbeherrschung*). Die Falle ist nicht scharf, solange das Idol (bzw. der Sandsack) an seinem Platz steht.

Instandsetzen: siehe oben

Es ist möglich, die Kugel zu überklettern, auf diese Weise den Gang zu erforschen und sich um das Instandsetzen der Falle erst auf dem Rückweg zu kümmern – wenn überhaupt.

Beim Weg den Gang hinauf kommen die Helden an einem weiteren Raum vorbei, in dem sich ebenfalls angriffslustige Untote befinden. Notfalls muss der letzte verbleibende Kugelroller sich einhändig gegen sie zur Wehr setzen.

Das Allerheiligste

Zum Vorlesen oder Nacherzählen:

Nach den staubigen Gängen wirkt der Felsendom, den ihr betretet, fast befreiend. Knochentrocken hallen eure Schritte in einer Höhle, durch die missgünstig der Wind pfeift, und unter deren Boden ihr den Treibsand schaben und wispern hört. In der Mitte der Kaverne klafft ein breites Loch, auf der anderen Seite gähnt der Abgrund. Dutzende Trittsteine, mit rätselhaften Zeichen bedeckt, bilden eine Brücke, die ins Allerheiligste des Tempels führt: einen achteckigen Raum, in seiner Mitte ein Altar, umgeben von magischen Symbolen.

[Heldenname] spürt das Idol in seiner Tasche pochen, als sein / ihr Blick erhascht, was Marek hier vor dreizehn Jahren hinterließ: Einen kleinen Sandsack, der das Gewicht des Idols ersetzen sollte. Alles, was euch vom erneuten Tausch zurückhält, sind die Tschumbies, die sich nun erneut erheben.

[Hier kann die Szene unterbrochen werden, sofern das Yaq-Hai noch nicht auftauchen soll.]

Das Rumoren in der Schlucht schwillt an zu einem Zischen und Krachen. Kreischend schnellt ein toter Körper aus dem Loch und landet an dessen Rand. Seine faulenden Arme tragen messerscharfe Klauen.

[Wenn Marek tot ist.] Sein Gesicht hängt in Fetzen und sein Rücken ist von Brüchen verformt. Und doch erkennt ihr ihn. Es ist Marek, besessen von der Kreatur, die die Wapa-Tonsha vor Jahrhunderten hier bannten.

[Wenn Marek lebt.] Durch seinen Schädel wächst ein Kopfputz aus krallenhaft mutiertem Holz, auf seiner zerfetzten Bauchdecke prangen Reste eines gelben Kreises. Es ist Jutu-Jindi, besessen von der Kreatur, die er einst selber bannte.

In den Kammern rechts und links des Doms bewegen sich die Knochenhaufen. Der tote Schädel fletscht die Zähne, sein Geheul spottet des Tosens unter euren Füßen. Das Yaq-Hai hat sich vom Griff der Schlucht befreit.

Im folgenden Kampf sind die Helden auf mehrere Arten gefordert:

- Für den Endkampf stehen sie einer Grundanzahl von (Anzahl der Helden x 2) Tschumbies gegenüber, die zwischen ihnen und den Trittsteinen stehen.

- Pro Kampfrunde wird für jede der sechs Türen an den Seiten des Raumes mit 1W6 gewürfelt. Für jede 1 erscheint ein weiterer Tschumbie auf der Bildfläche und greift die Helden an.
- Während sich die Gefährten ihrer Haut erwehren, muss mindestens einer von ihnen das Rätsel um die Trittsteine lösen, um den Weg zum Sockelraum zu ermöglichen (siehe unten).
- Spätestens wenn der erste Held dort ankommt, springt Mareks Leichnam durch das Loch im Hauptraum und greift in den Kampf ein – besessen von dem Yaq-Hai, das sich aus dem Griff der Schlucht befreien konnte. Die Werte des Yaq-Hai findest du auf Seite **64**.
- Nachdem die Helden das Idol an seinen Platz setzen konnten, fallen die Untoten in sich zusammen. Doch es dauert noch 2W6 KR, bis das Yaq-Hai endlich von dem magischen Gefäß eingesogen wird. Bis dahin attackiert es die Helden, so heftig es kann, wobei aber durch das Reaktivieren des magischen Gefäßes pro KR einer seiner Kampfwerte um 1 sinkt.

Die Trittsteine

Dieser Bereich besteht aus einem Feld von 58 unterschiedlich großen Trittsteinen, die über den Abgrund führen (sieben weitere zeigen die Fehltritte, die Marek seinerzeit unternahm). Eine Abbildung hierzu findest du unten. Auf jedem Trittstein findet ein Held Platz. Es gibt einen einzigen Pfad, der die Helden sicher auf die andere Seite führt.

Je nachdem, wie schwer du es deinen Helden machen möchtest (und wie gut ihre entsprechenden Fertigkeiten sind), kannst du eine Anzahl von Trittsteinen festlegen, die sicher zu betreten sind. Lege einfach einen Weg durch den Gang fest und notiere dir die entsprechenden Zahlen. Um sicher auf die andere Seite zu gelangen, sollten mindestens 12 Trittsteine betretbar sein, einer pro Spalte. Möchtest du deiner Gruppe ein leichteres Vorankommen ermöglichen, lege nach Belieben weitere sichere Trittsteine fest. Aneinander angrenzende sichere Trittsteine erleichtern das Rätsel für deine Gruppe noch zusätzlich. Willst du die Herausforderung erhöhen, wähle Trittsteine mit größeren Abständen für gewagte Sprünge oder reduziere die Anzahl der sicheren Steine.

Ein Held kann eine Probe pro Kampfrunde ablegen, um sichere Trittsteine zu erkennen, während die anderen ihn schützen sollten: Die Steine sind mit rätselhaften Zeichen markiert, einem wilden Durcheinander an Symbolen unterschiedlichster Kulturkreise. Durch Talenteinsatz kann eine Anzahl von falschen Trittsteinen ausgeschlossen werden. Hierfür können die Helden verschiedene Fertigkeiten einsetzen:

- *Steinbearbeitung* ist am effektivsten (3 Trittsteine pro QS)
- *Fährtensuchen* und *Geschichtswissen* sind hilfreich (2 Trittsteine pro QS)
- *Magiekunde* und *Götter & Kulte* können ebenfalls angewendet werden (1 Trittstein pro QS).

Die konkret untersuchten Steine sollten durch einen Wurf mit 3W20 ermittelt werden. Wurde ein bestimmter Stein schon ausgeschlossen, wird erneut gewürfelt. Kann ein Stein betreten werden, wird er entsprechend gekennzeichnet.

Tritt ein Held auf einen falschen Stein, gibt der Boden unter ihm nach. Mittels *Körperbeherrschung* kann er sich auf den vorherigen Stein zurück retten, bei Misslingen fällt er in die Tiefe und wird von der Schlucht verschlungen, die ihm flugs ein Angebot macht, das er nur schwer ablehnen kann (siehe Seite **36**).

Mittels *Körperbeherrschung* –1 können auch einzelne Steine übersprungen werden. Pro zusätzlich übersprungenem Stein steigt die Erschwernis der Probe auf das Doppelte (also –2, –4 usw.).

Sollte der Endkampf für deine angeschlagenen Helden zu heftig sein, greife auf eine oder mehrere der folgenden Optionen zurück:

- Lass zu, dass sich mehr als ein Held am Enträtseln beteiligt, indem weniger Tschumbies angreifen. Sie können zeitversetzt auftauchen, sodass man sie in ihre Räume zurückzudrängen und an den engen Türen einzeln bekämpfen kann.

3	8	13	18	22		30			43	48	52	57
4	9	14	19	23	26	31	35	39	44	49	53	
5	10	15	20		27	32	36	40	45		54	58
6	11	16	21	24	28	33	37	41	46	50	55	59
7	12	17		25	29	34	38	42	47	51	56	60

- Wenn die auszuschließenden Steine nicht zufällig, sondern in der Nähe der „sicheren“ Steine ermittelt werden, lässt sich leichter ein Pfad erahnen.
- Beim Sturz von einem Trittstein erleidet der Held nur Sturzschaden für 2 Schritt Tiefe, weil er zufällig auf einem kleinen Plateau landet. Eine einfache Probe auf *Klettern* ermöglicht ihm eine Rückkehr auf die Trittsteine. Hat er auf dem Plateau eine Probe auf *Sinnesschärfe* –2 oder *Orientierung* abgelegt, kann er für jede QS drei weitere Steine ausschließen.
- Auf größeren Trittsteinen hat mehr als ein Held Platz. Indem sich die Helden auf diese Steine flüchten, kann die Menge der gleichzeitig angreifenden Tschumbies weiter reduziert werden.
- Es kommt gar nicht erst zum Kampf mit dem Yaq-Hai. Es taucht beim Platzieren des Idols als Schockeffekt auf, direkt verfolgt von einem wirbelnden Sandsturm aus der Schlucht, der es packt und gegen die Wand des Sockelraums schleudert, wo es sofort vom Idol eingesogen wird.

Wenn du deinen Helden eine zusätzliche Herausforderung für das Finale bieten möchtest, wähle eine oder mehrere der folgenden Optionen:
- Durch die Lichtverhältnisse sind die Symbole weniger gut zu erkennen, darum ergeben sich Erschwernisse auf die Proben, abhängig von den Lichtquellen der Helden.
- Beim Auftauchen sehr vieler Tschumbies bleibt den Helden nur die Flucht nach vorne und sie müssen auf gut Glück irgendwelche Steine ausprobieren.
- Das Yaq-Hai taucht schon zu Beginn des Kampfes auf und will die Helden daran hindern, überhaupt den Sockelraum zu erreichen.
- Die Platzierung des Idols zerstört die Tschumbies nicht, sondern macht sie nur langsamer.

Ausklang

Ist das Idol wieder an seinem Platz, kann die Rückkehr aus dem Tempel schneller abgehandelt werden. Die Gefahr durch die Untoten ist gebannt, nun beginnt das Aufräumen. Borongläubige Helden könnten sich bemüßigt fühlen, die Toten anständig zu bestatten, andere Religiöse sehen sich eventuell zur Bekämpfung der Schlucht verpflichtet.

Eventuell abgeschlossene Pakte können Material für weitere Abenteuer liefern, und sicherlich sind noch einige Handlungsstränge mit den Wapa-Tonsha offen. Was mit Marek geschieht, wenn er überlebt hat, was mit Tiki-Ta geschieht, die ihren Geliebten zum zweiten Mal verloren hat – dies ist ebenso unsicher wie die Zukunft der drei Chirakah, sofern sie das Abenteuer überlebt haben.

Zudem gilt es, die Nachricht über Mareks Verbleib seinen Angehörigen und Freunden zu überbringen. Vielleicht haben die Helden gar einen schriftlichen Vertrag mit Marek abgeschlossen, der sie als nächstes in einen Rechtsstreit mit seinen Erben führt.

Nicht zuletzt haben die Helden wichtige Erkenntnisse gewonnen, seien sie magietheoretischer, religiöser, volkskundlicher oder gänzlich anderer Art. Die Universität zu Methumis wird sich dafür ebenso interessieren wie Brabaker Beschwörer oder finstere al'anfanische Sklavenjäger.

Der Mühen Lohn
Neben den Schätzen, die sie aus dem Tempel bergen konnten, erhalten die Helden jeweils **25 Abenteuerpunkte** für das Überleben des Abenteuers.

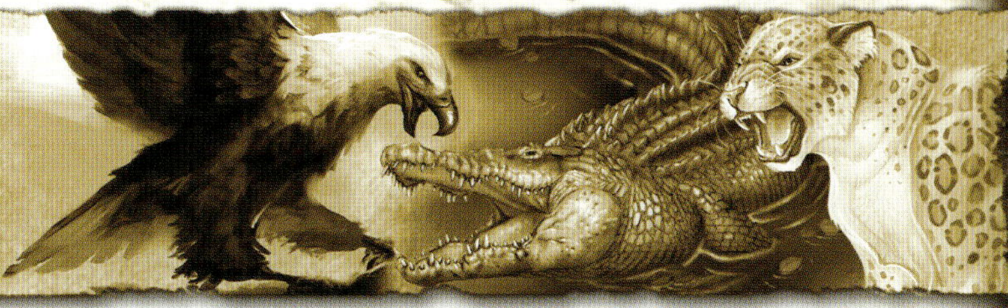

Neue Kampftechniken

Blasrohre

Es gibt unterschiedlich lange Blasrohre. Kürzere Versionen, die auch eine geringere Reichweite aufweisen, sind beliebt bei tulamidischen und südaventurischen Attentätern, da man sie leicht unter der Kleidung verbergen kann. Lange Blasrohre kommen vor allem bei der Jagd zum Einsatz. Ein Blasrohrpfeil vermag kaum eine schwere Verletzung hervorzurufen, aber die Gefahr besteht auch nicht im Pfeil, sondern im Gift, in das die Spitze getaucht wurde.
Leiteigenschaft: Fingerfertigkeit
Steigerungsfaktor: B

Kampfsonderfertigkeiten für Blasrohre
Folgende Kampfsonderfertigkeiten aus dem **Regelwerk** ab Seite **246** können mit der Kampftechnik Blasrohre genutzt werden: Aufmerksamkeit, Belastungsgewöhnung I+II, Feindgespür, Kampfreflexe I-III, Präziser Schuss/Wurf I-III, Verbessertes Ausweichen I-III.

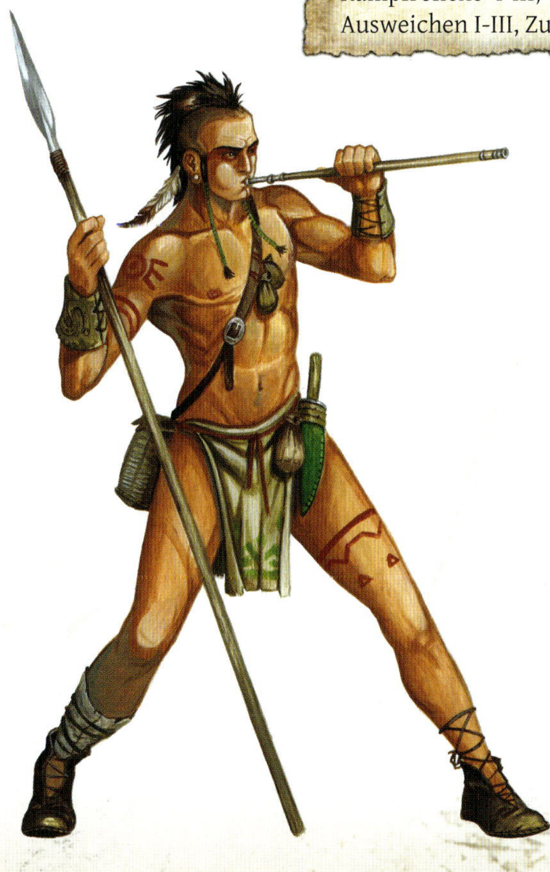

Peitschen

Üblicherweise werden Peitschen dazu eingesetzt, um ein Zug- oder Reittier anzutreiben. Doch auch Sklavenhalter benutzen Peitschen, um Sklaven einzuschüchtern und Verfehlungen zu bestrafen. Peitschen eignen sich zudem auch, um einen Gegner von den Beinen zu holen oder die Waffe um einen Ast zu schlingen und als Seil zu benutzen.
Besonderheiten: Da sie wegen der nur schwer kontrollierbaren Bewegungen kaum abzuwehren sind, ist die Parade gegen Peitschen um –2 erschwert. Schilde können darüber hinaus gegen Peitschen nur ihren einfachen Bonus auf die Verteidigung nutzen. Angriffe mit Peitschen gelten bereits ab einem Ergebnis von 19 als Patzer. Mit Peitschen ist keine Parade möglich.
Leiteigenschaft: Fingerfertigkeit
Steigerungsfaktor: B

Kampfsonderfertigkeiten für Peitschen
Folgende Kampfsonderfertigkeiten aus dem **Regelwerk** ab Seite **246** können mit der Kampftechnik *Peitschen* genutzt werden: Aufmerksamkeit, Belastungsgewöhnung I+II, Berittener Kampf, Entwaffnen, Feindgespür, Finte I-III, Kampfreflexe I-III, Schnellziehen, Verbessertes Ausweichen I-III, Zu Fall bringen

Dämonenpakte

Anbei findest du eine Kurzfassung der wichtigsten Regeln für Paktierer. Eine längere Fassung ist in **Aventurische Magie III** ab Seite **70** enthalten

Kreise der Verdammnis

Der Weg in die Niederhöllen wird bei einem Seelenpaktierer in den sogenannten **Kreisen der Verdammnis (KdV)** gemessen. Die Anzahl der KdV eines Paktierers ist gleichzeitig sein KdV-Wert, der bei einigen Paktgeschenken eine Rolle spielt. Es gibt sieben Kreise, und jeder Seelenpaktierer beginnt im ersten. Sie sind einerseits ein Zeichen der Macht, die der Paktierer von seinem Erzdämon erhält, andererseits zeigen sie auch an, wie weit er sich von der göttlichen Ordnung bereits entfernt hat. In einen weiteren Kreis steigt auf, wer dies freiwillig wünscht, um z. B. mehr Macht zu erhalten, oder wer seinem Herrn oder seiner Herrin gegenüber versagt hat und deswegen etwas gutmachen muss. Wer schließlich den siebten Kreis erreicht, dessen Seele wird bald endgültig vom dämonischen Herrn eingefordert.

Minderpakt

Ein Minderpakt (oder Minderer Pakt) ist ein Pakt, der von einem Kulturschaffenden nicht zwangsweise bereitwillig eingegangen wird, sondern den er auch durch andere Umstände erhalten kann. Dies umfasst unter anderem Zwang, bestimmte Rauschmittel, das Lesen von Büchern, die dem Erzdämon wohlgefällig sind, seltene magische Rituale, den längeren Aufenthalt in einem Unheiligtum und die Vermittlung durch einen Seelenpaktierer.

Vorteile eines Minderpaktes

- Minderpaktierer können sich allgemeine Paktgeschenke und Paktgeschenke der Domäne ihres Erzdämons aussuchen. Sie müssen dabei aber die Voraussetzungen erfüllen und die AP der Paktgeschenke bezahlen. Sie können maximal drei Paktgeschenke wählen, und zwar nur solche des 1. KdV.
- Minderpaktierer gelten gegenüber karmalen Objekten wie Kulturschaffende ohne Pakt. Sie nehmen weder speziellen Schaden durch Berührung von karmalen Objekten noch durch geweihte Waffen oder heiligen Boden.

Nachteile eines Minderpaktes

- Minderpaktierer erhalten einen Makel und werden zu Frevlern[AGÖ071]. Minderpaktierer erhalten beim Paktschluss eine *Persönlichkeitsschwäche* oder eine *Schlechte Eigenschaft* nach Meisterentscheid, die passend für die Domäne ihres gewählten Erzdämons ist. Verfügen sie bereits über einen passenden Nachteil, kann die Meisterin auch bestimmen, dass bei *Persönlichkeitsschwächen* die Erschwernisse um –1 steigen und bei *Schlechten Eigenschaften* die Probe auf *Willenskraft* um –1 zusätzlich erschwert ist.
- Minderpaktierer verlieren den Vorteil *Geweihter* und alle anderen Vorteile, die damit verbunden sind (im Detail ist dies Meisterentscheid). Sie bekommen dafür alle AP zurück, die sie für diese Vorteile aufgewandt haben. Ihre Karmaenergie sinkt auf 0, sie können zudem keine liturgischen Fähigkeiten mehr einsetzen oder Karmaenergie regenerieren.
- Minderpaktierer gelten nicht mehr als ihrem Pantheon gegenüber initiiert.

Seelenpakt

Der klassische Seelenpakt ist ein bewusstes Herbeiführen eines Bündnisses mit einer niederhöllischen Macht. Ein Kulturschaffender verpfändet dabei seine Seele und wird zu einem Verdammten, der von den Paradiesen der Götter ausgeschlossen wird, dafür aber große Macht durch seinen erzdämonischen Patron erhält.

Vorteile eines Seelenpaktes

- Die Anrufungsschwierigkeit von Dämonen der Domäne des ausgewählten Erzdämons wird pro KdV um +1 erleichtert.
- Seelenpaktierer können sich allgemeine Paktgeschenke und Paktgeschenke der Domäne ihres Erzdämons aussuchen. Sie müssen dabei aber die Voraussetzungen erfüllen und die AP des Paktgeschenks bezahlen. Für sie gilt eine Begrenzung in Höhe von 7 + KdV Paktgeschenken (siehe **Kreise der Verdammnis** und **Paktgeschenke**).

Nachteile eines Seelenpaktes

- Seelenpaktierer werden gegenüber karmalen Objekten und geweihten Orten wie Dämonen aus der Domäne ihres Erzdämons behandelt. Sie nehmen entsprechend Schaden durch die Berührung solcher Objekte, durch karmalen Waffenschaden und durch den Aufenthalt an passenden Orten.

Dämonische Auszehrung

Durch manche Paktgeschenke kann der Paktierer Zustandsstufen in *Dämonischer Auszehrung* erleiden. Ein Paktierer, der seine Paktgeschenke einsetzt, kann dabei innerhalb von 24 Stunden so viele dadurch erlittene Stufen des Zustands ignorieren, wie sein KdV-Wert beträgt. Regeltechnisch erleidet er diese Stufen nicht, erst alle weiteren, die über den KdV-Wert hinausgehen, werden als Stufen der *Dämonischen Auszehrung* gezählt. Ein Paktierer im 3. Kreis der Verdammnis könnte also beispielsweise 3 Stufen des Zustands durch Einsatz von Paktgeschenks-Fähigkeiten am Tag ignorieren, jede weitere Stufe würde aber auf den Zustand aufgerechnet. *Dämonische Auszehrung* baut sich alle 6 Stunden um eine Stufe ab.

Dämonische Auszehrung	
Auszehrungsstufe	**Auswirkung**
Stufe I	In der nächsten Regenerationsphase regeneriert der Paktierer 1 LeP (und falls vorhanden 1 AsP) weniger; alle Proben sind um –1 erschwert
Stufe II	In der nächsten Regenerationsphase regeneriert der Paktierer nur die Hälfte an LeP (und falls vorhanden auch nur die Hälfte an AsP); alle Proben sind um –2 erschwert
Stufe III	In der nächsten Regenerationsphase regeneriert der Paktierer keine LeP (und falls vorhanden auch keine AsP); alle Proben sind um –3 erschwert
Stufe IV	Handlungsunfähig, in der nächsten Regenerationsphase regeneriert der Paktierer keine LeP (und falls vorhanden auch keine AsP)

Paktbruch

Irgendwann mag der Zeitpunkt gekommen sein, wo ein Paktierer sich entschließt den Pakt zu beenden. Sei es, weil er um seine Seele fürchtet, eingesehen hat, dass er sich mit den falschen Mächten eingelassen hat, oder er als Minderpaktierer einen unfreiwilligen Pakt beenden will. Darüber hinaus kann es auch sein, dass der Paktierer von jemandem gezwungen wird, den Pakt zu brechen.
Für alle diese Fälle kannst du folgende Regeln für den Paktbruch verwenden.

Möglichkeiten des Paktbruchs

Es gibt im Grunde nur eine sehr begrenzte Anzahl an Möglichkeiten, um einen Pakt zu brechen. Je nachdem, ob ein Pakt freiwillig oder unfreiwillig den Pakt gebrochen werden soll, hat dies auf die einzelnen Proben Auswirkungen (siehe Tabelle **Paktbruch**).

- Auf den Paktierer kann die Zeremonie Dämonenpakt brechen gewirkt werden. Bei der Probe kommen die Modifikatoren aus der Tabelle **Modifikatoren der Paktbruchprobe** zur Anwendung.
- Auf den Paktierer kann das Ritual Dämonenpakt beenden gewirkt werden. Bei der Probe kommen die Modifikatoren aus der Tabelle **Modifikatoren der Paktbruchprobe** zur Anwendung.
- Der Paktierer versucht durch seine eigene Willenskraft den Pakt zu brechen. Dies ist nur möglich, wenn der Paktierer sich dazu freiwillig entschließt. Er kann dazu nicht gezwungen werden. In diesem Fall muss er eine Probe auf *Willenskraft* bestehen. Bei der Probe kommen die Modifikatoren aus der Tabelle **Modifikatoren der Paktbruchprobe** zur Anwendung.
- Ein Gott schreitet mit einem Großen Wunder ein und beendet den Pakt, oder andere Möglichkeiten nach Meisterentscheid.

Scheitern des Paktbruchs

Sollte der Paktbruch misslingen, drohen dem Paktierer ernsthafte Konsequenzen.

- Wollte der Paktierer den Pakt nicht freiwillig brechen, sondern wurde dazu gezwungen, erleidet er 1W6 SP am Ende des gescheiterten Versuchs.
- Wollte der Paktierer den Pakt freiwillig brechen, erleidet er am Ende des gescheiterten Versuchs 5W6 SP (bei einem Versuch mittels Dämonenpakt brechen oder Dämonenpakt beenden) bzw. 7W6 SP, wenn der Paktierer es mit *Willenskraft* probiert hat. Seine Paktgeschenke funktionieren so lange nicht, bis er einen weiteren Kreis der Verdammnis aufgestiegen ist bzw. als Minderpaktierer nun einen echten Seelenpakt eingeht.

Erfolgreicher Paktbruch

Sollte die Probe gelingen, so ist der Pakt gebrochen. Der Paktierer verliert alle Paktgeschenke (bekommt aber die AP wieder zurück), das Dämonenmal verschwindet und alle weiteren Auswirkungen des Pakts enden ebenfalls sofort.
Allerdings leidet der Paktbrecher immer noch unter den Auswirkungen des Makels des Frevlers oder des Makels des Verdammten. Will er diesen Makel beseitigen, so muss er Buße ableisten. Bei einem Verdammten bedeutet dies, dass ein Gott ihm persönlich vergeben muss.

Modifikatoren der Paktbruchprobe

Zunächst werden die Allgemeinen Modifikatoren verrechnet, die für alle Arten des Paktbruchs gelten, danach die Modifikatoren der gewählten Möglichkeit.

Allgemein	
Zeit	**Modifikator**
Namenlose Tage	+1
Monat der Gottheit, die der Gegenspieler des Erzdämons ist	+1

Ort*	**Modifikator**
Unheiligtum des Erzdämons, mit dem der Pakt geschlossen wurde	–5
Geweihter Boden**	+/–0
Zweifachgeweihter Boden**	+1
Heiliger Boden**	+2
*) Nur einer der Modifikatoren kann gelten (immer der ungünstigste Modifikator).	
**) Ein gesegneter Boden der Gegengottheit des Erzdämons erhöht den Bonus um +1.	

Zeremonie Dämonenpakt brechen	
Situation	**Modifikator**
Jede Stufe Dämonische Auszehrung	–1
Pro KdV des Paktierers	–2 pro KdV
Minderpaktierer	+1
Beistand durch Freunde und/oder Verwandte	+1
Pakt soll gegen den Willen des Paktierers gebrochen werden	–3
Pakt mit einem Erzdämon, der nicht die Gegengottheit der Gottheit des Geweihten ist	–1
Pakt mit einem Erzdämon, der die Gegengottheit der Gottheit des Geweihten ist	KdV-Erschwernis aus dieser Tabelle halbiert

Ritual Dämonenpakt beenden	
Situation	**Modifikator**
Jede Stufe Dämonische Auszehrung	–1
Pro KdV des Paktierers	–2 pro KdV
Minderpaktierer	+/–0
Beistand durch Freunde und/oder Verwandte	+1
Pakt soll gegen den Willen des Paktierers gebrochen werden	–4

Paktbruch durch eigene Willenskraft	
Situation	**Modifikator**
Jede Stufe Dämonische Auszehrung	–1
Pro KdV des Paktierers	–2 pro KdV
Minderpaktierer	+1
Beistand durch Freunde und/oder Verwandte	+1
Widerstand des Erzdämons	–5

Paktgeschenke

Paktgeschenke sind im Grunde Sonderfertigkeiten, die man nur über einen Pakt erlangen kann. Jedes Mal, wenn ein Seelenpaktierer in einen neuen KdV aufsteigt, erhält er Zugang zu machtvolleren Paktgeschenken, die er sich mit Abenteuerpunkten kaufen kann. Ein Seelenpaktierer kann maximal über 7 + KdV Paktgeschenke verfügen. Bei Paktgeschenken mit mehreren Stufen zählt jede Stufe als eigenes Paktgeschenk. Der Paktierer kann mit seinen AP alle Paktgeschenke der Domäne seines Erzdämons oder mit allgemeiner Verbreitung als Sonderfertigkeiten aktivieren, solange er die Voraussetzungen erfüllt.

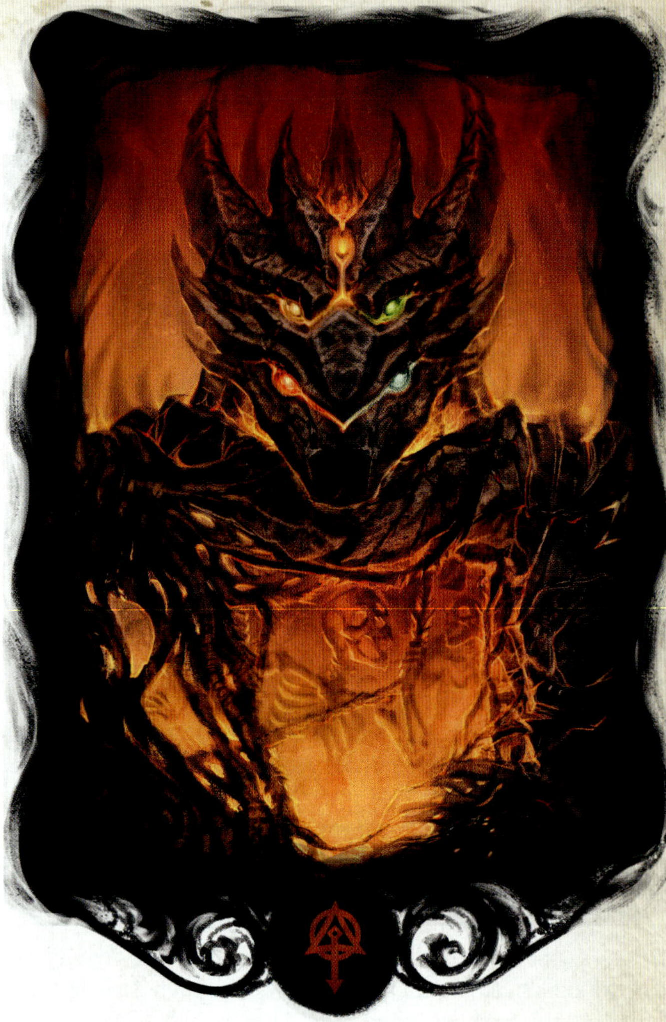

Unter *Verbreitung* ist angegeben, Paktierer welches Erzdämons Zugriff auf das Paktgeschenk haben. Die Verbreitung *Allgemein* bedeutet, dass es ein Paktgeschenk ist, welches jeder Paktierer wählen kann. Ist hingegen ein Erzdämon genannt, kann nur ein Pakt mit dieser Wesenheit das Paktgeschenk verleihen.
Unter *Kreis* ist aufgeführt, ab welchem Kreis der Verdammnis (KdV) ein Paktierer das Paktgeschenk auswählen kann. Minderpaktierer gelten in diesem Zusammenhang als Paktierer im 1. KdV.
Die *AP-Kosten* geben die Kosten an AP an, welche der Paktierer aufwenden muss, um sich das Paktgeschenk anzueignen.

Brennender Feuerstrahl

Ein Agrimoth-Paktierer kann Flammen herausbeschwören, die er in einem gebündelten Feuerstrahl auf einen seiner Gegner richten kann.

Wirkung: Der Brennende Feuerstrahl trifft auf ein vom Paktierer benanntes Ziel innerhalb einer Reichweite von 16 Schritt. Der Paktierer muss 1 Aktion aufwenden, um dieses Paktgeschenk einzusetzen. Der Strahl trifft automatisch, wenn er nicht verteidigt wird. Er zählt jedoch als Fernkampfangriff mit einer Schusswaffe und kann dementsprechend geblockt werden. Ausweichen ist ebenso möglich. An Schilden erzeugt er Strukturschaden, wenn er auf sie trifft. Das

getroffene Ziel erleidet 2W6 + (KdV x 2) TP Schaden. Trifft der Feuerstrahl sein Ziel, werden die TP durch den RS des Ziels vermindert. Das Ziel erhält zudem bei 1–3 auf 1W6 1 Stufe des Status *Brennend* auf kleiner Fläche. Der Paktierer erleidet beim Einsatz dieser Fähigkeit 1 Stufe *Dämonische Auszehrung*.
Verbreitung: Agrimoth
Kreis: 1
AP-Wert: 10 Abenteuerpunkte

Dämonische Attribute

Übernatürliche Kraft oder Geschicklichkeit sind der Traum vieler, die nach Macht streben.
Wirkung: Mit diesem Paktgeschenk kann der Paktierer für kurze Zeit einen Bonus von +2 auf eine Eigenschaft erhalten. Die wählbaren Eigenschaften sind je nach Erzdämon unterschiedlich (in Agrimoths Fall FF oder KO). Der Paktierer muss sich immer, wenn er das Paktgeschenk nutzen möchte, für eine der aufgeführten Eigenschaften entscheiden. Die Wirkung hält KdV x 5 Minuten an. Der Einsatz dieser Fähigkeit erfordert 1 Aktion und der Paktierer erhält 1 Stufe *Dämonische Auszehrung*.
Er kann auch hintereinander beide seinem Erzdämon zugeordneten Eigenschaften wählen, muss aber dafür jedes Mal Zeit für den Einsatz des Paktgeschenks aufwenden und erhält dafür jeweils 1 weitere Stufe *Dämonische Auszehrung*.
Verbreitung: allgemein
Kreis: 1
AP-Wert: 10 Abenteuerpunkte

Dämonische Fertigkeiten

Die Erzdämonen verfügen über die Macht, ihre Diener mit Fähigkeiten auszustatten, um sie übermenschlich erscheinen zu lassen.
Wirkung: Jeder Erzdämon kann einen Paktierer mit Fähigkeiten ausstatten, die sein gewöhnliches Leistungsmaß deutlich übersteigen. Je nach Erzdämon sind andere Fertigkeiten davon betroffen. Das ausgewählte Talent erhält einen Bonus von +4 FW. Die wählbaren Talente sind je nach Erzdämon unterschiedlich (in Agrimoths Fall *Mechanik*, *Holzbearbeitung*, *Pflanzenkunde* und *Steinbearbeitung*). Der Paktierer muss sich immer, wenn er das Paktgeschenk nutzen möchte, für eines der aufgeführten Talente entscheiden. Die Wirkung hält KdV x 5 Minuten an. Der Einsatz dieser Fähigkeit erfordert 1 Aktion und der Paktierer erhält 1 Stufe *Dämonische Auszehrung*.
Er kann auch hintereinander mehrere Talente wählen, muss aber dafür jedes Mal Zeit für den Einsatz des Paktgeschenks aufwenden und erhält dafür jeweils 1 weitere Stufe *Dämonische Auszehrung*.
Verbreitung: allgemein
Kreis: 1
AP-Wert: 20 Abenteuerpunkte

Dämonischer Panzer I-VII

Die Erzdämonen können ihren Dienern als Geschenk einen Schutz anbieten, der die Paktierer weniger anfällig für körperlichen Schaden macht und wie eine Rüstung wirkt. Mächtige Paktierer sind bisweilen so kaum noch zu verletzen.
Wirkung: Pro Stufe der Fähigkeit kann der Paktierer einen natürlichen RS von 1 erhalten, der mit RS aus anderen Quellen kombinierbar ist. Die Aktivierung dieser Fähigkeit erfordert 1 freie Aktion. Der RS hält 6 Stunden an. Der Paktierer erleidet beim Einsatz dieser Fähigkeit 1 Stufe *Dämonische Auszehrung*.
Verbreitung: allgemein
Kreis: Stufe I/II/III/IV/V/VI/VII: 1/2/3/4/5/6/7
AP-Wert: 15 Abenteuerpunkte pro Stufe

Feuerhand

Mit Feuerhänden kann ein Agrimoth-Paktierer jeden, den er berührt, verbrennen.
Wirkung: Berührt der Paktierer ein Lebewesen, kann er ihm pro Kontakt KdV SP durch brennende Hände zufügen. Im Zweifelsfall ist dazu eine unverteidigte Raufen-AT erleichtert um +2 notwendig. Bei einem echten Kampf kann der Paktierer auch Raufen benutzen, mit der Kampftechnik normalen Schaden anrichten und zusätzlich Schaden durch das Paktgeschenk verursachen. Dies zählt dann gemeinsam als ein Angriff. Ein Opfer kann mehrfach während der Wirkungsdauer des Paktgeschenkes berührt werden und erleidet jedes Mal SP. Die Wirkung hält 7 KR an. Der Einsatz dieser Fähigkeit kostet 1 Aktion und verursacht 1 Stufe *Dämonische Auszehrung*.
Verbreitung: Agrimoth
Kreis: 1
AP-Wert: 12 Abenteuerpunkte

Herrschaft über Dämonen

Eine der wichtigsten Kräfte vieler Paktierer ist die Fähigkeit, Dämonen ihres Paktherrn zu beschwören.
Wirkung: Der Paktierer kann einen Dämon aus dem Gefolge seines Paktherrn beschwören. Er muss dazu keine Probe ablegen, die Beschwörung gelingt immer. Bei Stufe I des Paktgeschenkes kann der Paktierer nur niedere Dämonen rufen, bei Stufe II gehörnte Dämonen mit bis zu 5 Hörnern, bei Stufe III auch Gehörnte mit mehr als 5 Hörnern. Der Dämon erscheint nach 5 – KdV/2 Aktionen / Minuten / Stunden (Stufe I/II/III).
Der Paktierer kann immer nur einen einzigen Dämonen beschwören und kontrollieren, weitere Dämonen kann er über dieses Paktgeschenk nicht gleichzeitig rufen. Er hat KdV Dienste für den Dämon zur Verfügung. Nachdem der Dämon vernichtet wurde oder die alle Dienste verbraucht wurden, und er sich wieder in die 7. Sphäre zurückzieht, kann der

Paktierer die Fähigkeit für 13 - KdV Tage nicht mehr einsetzen. Der Einsatz dieser Fähigkeit verursacht permanente Stufen an *Dämonischer Auszehrung*, solange der Dämon in der 3. Sphäre verweilt (bei Stufe I/II/III: 2/4/6 Stufen).

Verbreitung: allgemein

Kreis: Stufe I/II/III: 1/3/5

AP-Wert: 25 Abenteuerpunkte pro Stufe

Hitzebeständigkeit

Hitze und Feuer sind zwei Aspekte des Agrimoth und so verwundert es nicht, dass seine Diener oftmals gegen die Auswirkungen des heißen Elements gefeit sind.

Wirkung: Der Paktierer erhält während der Wirkungsdauer eine vollständige Immunität gegen Hitze und Feuer (auch gegen Drachenfeuer und Zauber wie den IGNIFAXIUS). Nachteile durch Hitzeregeln (siehe **Regelwerk** Seite **341**) oder Feuerschaden kann er während der Wirkungsdauer vollständig ignorieren. Selbst ein Bad in Lava übersteht der Paktierer mit dieser Fähigkeit. Die Wirkung hält KdV Stunden an. Der Paktierer erleidet beim Einsatz dieser Fähigkeit 1 Stufe *Dämonische Auszehrung*.

Verbreitung: Agrimoth

Kreis: 1

AP-Wert: 10 Abenteuerpunkte

Kleines Simulacrum

Ein Simulacrum ist ein Objekt, das einem Paktierer als Sitz seiner Lebenskraft dient. Solange es nicht zerstört wird, ist der Paktierer kaum zu töten.

Wirkung: Die Lebenskraft des Paktierers wird dauerhaft in eine ihm ähnliche Statuette gebunden. Das dämonische Ritual dauert 7 Stunden. Danach verfügt der Paktierer über ungeahnte Selbstheilungskräfte. Er regeneriert am Ende einer KR 2W6 + KdV LeP. Selbst abgeschlagene Gliedmaßen wachsen wieder nach, sogar der Kopf. Abgeschlagene Extremitäten verfaulen auf der Stelle, während sie am größten erhaltenen Stück des Körpers nachwachsen. Der Paktierer stirbt nur, wenn sein Körper vollständig zerstört wird (z. B. Sturz in einen Lavasee, Säurebad), er innerhalb einer KR mehr SP erleidet, als seine LE und seine KO zusammen betragen (also sein negativer KO-Wert unterschritten wird) oder die Statuette zerstört wird. Gleich, aus welchem Material die Statuette besteht, sie weist 20 Strukturpunkte auf. Ein Paktierer kann kein weiteres Simulacrum erschaffen, während das vorherige noch aktiv ist. Der Einsatz dieser Fähigkeit verursacht 4 Stufen *Dämonische Auszehrung*.

Verbreitung: allgemein

Kreis: 3

AP-Wert: 30 Abenteuerpunkte

Resistenz gegen Götterwirken I-VII

Viele Paktierer verfügen über ein Paktgeschenk, das es ihnen erlaubt, sich gegenüber Segnungen, Liturgien und Zeremonien besser zu schützen.

Wirkung: Sollten Segnungen, Liturgien oder Zeremonien gegen den Paktierer gewirkt werden, kann er seine SK und ZK um 1 pro Stufe der Fähigkeit erhöhen. Die Aktivierung dieser Fähigkeit erfordert 1 freie Aktion. Die Boni halten 6 Stunden lang an. Der Paktierer erleidet beim Einsatz dieser Fähigkeit 1 Stufe *Dämonische Auszehrung*.

Verbreitung: allgemein

Kreis: Stufe I/II/III/IV/V/VI/VII: 1/2/3/4/5/6/7

AP-Wert: 15 Abenteuerpunkte pro Stufe

Zauberei mit Lebenskraft

Der Wunsch, zaubern zu können, ist bei vielen Menschen ohne die Gabe der Magie verbreitet. Durch dämonische Hilfe ist es möglich, sich die Gabe auf widernatürliche Weise anzueignen.

Wirkung: Der Paktierer erhält den Vorteil *Blutzauberer*. Als Tradition stehen ihm alle Varianten des Magiedilettanten offen. Er muss sich mit der Aktivierung dieses Paktgeschenks für eine der zur Verfügung stehenden Traditionen entscheiden, muss aber die entsprechenden AP-Kosten zahlen. Zudem kann er sofort entsprechende Fähigkeiten und Zauber der Tradition mit AP kaufen. Der Paktierer kann immer wählen, ob er Zauber mit AsP oder LeP speist, kann aber nicht während es Vorgangs die Energieart wechseln. Diese Fähigkeit sorgt dafür, dass der Paktierer 1 permanente Stufe *Dämonische Auszehrung* erhält.

Verbreitung: allgemein

Kreis: 1

AP-Wert: 20 Abenteuerpunkte

Neuer Vorteil

Blutzauberer

Blutzauberer sind in der Regel Paktierer, die sich gewünscht haben, als gewöhnliche Sterbliche des Zauberns mächtig zu sein.

Wirkung: Der Held wird zum Zauberer, obwohl er nicht mit der Gabe der Zauberei geboren wurde. Er verfügt nicht über einen eigenen AsP-Vorrat, sondern zaubert stattdessen mit seiner Lebensenergie. Dabei sind Lebenspunkte doppelt so viel Wert wie AsP, sodass ein Zauber, der 7 AsP kosten würde, den Helden nur 4 LeP kostet. Hat der Held einen eigenen AsP-Vorrat, kann er sich bei jedem Zauber entscheiden, ob er mit AsP oder LeP zaubern möchte.

Voraussetzungen: Paktgeschenk Zauberei mit Lebenskraft

AP-Wert: 0 AP (wird automatisch über das Paktgeschenk *Zauberei mit Lebenskraft* vergeben)

Kampfsonderfertigkeiten der Kreaturen

Anspringen (Spezialmanöver)

Einige Kreaturen versuchen mit etwas Anlauf oder aus dem Stand heraus ihren Gegner anzuspringen und zu Fall zu bringen.

Regel: Gegen diesen um –4 erschwerten Angriff kann man sich normal verteidigen. Ist die Verteidigung misslungen, stürzt der Gegner und erleidet den Status *Liegend*. Der Angriff verursacht 1W3 TP anstelle des eigentlichen Schadens. Die Kreatur sitzt zudem auf ihrem Opfer und genießt eine *Vorteilhafte Position* (siehe **Regelwerk** Seite **238**). Um das Wesen herunterzubekommen, ist eine Vergleichsprobe auf *Kraftakt (Heben & Stemmen)* notwendig, die um je volle 50 Stein Gewicht der Kreatur um –1 erschwert ist. Dies kostet eine Aktion. Will der Held gleichzeitig auch noch aufstehen, so ist die Probe um zusätzlich –3 Punkte erschwert. Ein misslungener Angriff bedeutet, dass dem Gegner ein Passierschlag zusteht.

Erschwernis: –4

Voraussetzungen: Wesen verfügt automatisch über die SF

Klammergriff (Spezialmanöver)

Mittels Fangarmen, Tentakeln, Rüsseln, langen Armen oder dem ganzen Körper kann ein Wesen einen Helden umschlingen, anheben und würgen.

Regel: Dem Wesen muss eine AT mit seinem Fangarm (Tentakel, Arm, Körper etc.) gelingen. Kann der Gegner sich nicht verteidigen, hält der Angreifer ihn fest. Solange der Gegner festgehalten wird, leidet er unter den Status *Fixiert* und *Eingeengt*. Ab der nächsten KR muss das Wesen keine AT mehr würfeln, sondern erzeugt durch Quetschen SP in Höhe der ausgewürfelten TP des Angriffs. Der Klammergriff kann nur gegen Gegner kleinerer Größenkategorien eingesetzt werden. Um sich aus dem Klammergriff zu lösen, ist eine gelungene Vergleichsprobe auf *Kraftakt (Ziehen & Zerren)* nötig. Mittels einer freien Aktion kann der Klammernde den Gehaltenen loslassen. Sollte der Klammernde sein Opfer angehoben haben, stürzt es und erleidet den Status *Liegend*, sofern ihm nicht eine Probe auf *Körperbeherrschung (Kampfmanöver)* gelingt. Der Angriff ist um –4 erschwert.

Erschwernis: –4

Voraussetzungen: Wesen verfügt automatisch über die SF

Trampeln (Spezialmanöver)

Große Tiere und Ungeheuer versuchen oftmals, kleinere Gegner einfach zu zertrampeln. Dabei gehen sie das Risiko ein, selbst verletzt zu werden, aber ein solcher Angriff kann auch schnell das Ende des Gegners bedeuten, da er mehr Schaden verursacht als üblich.

Regel: Nur Wesen, die im Vergleich zum Gegner eine höhere Größenkategorie aufweisen, können einen Trampeln-Angriff durchführen. Ausschließlich Gegner mit dem Status *Liegend* oder Wesen, deren Größenkategorie kleiner ist als die des angreifenden Wesens, können zertrampelt werden. Der Angreifer kann eine Trampeln-Attacke durchführen. Hierdurch erleidet er jedoch eine zusätzliche Erschwernis von –2 auf seine Verteidigung in der laufenden KR.

Erschwernis: 0

Voraussetzungen: Wesen verfügt automatisch über die SF

Überrennen (Spezialmanöver)

Eines der einfachsten Mittel, einen Gegner anzugreifen und viel Schaden zu verursachen, ist das Überrennen. Die Kreatur versucht in diesem Fall einfach, eine Art Sturmangriff auszuführen, der aber nicht beim Helden endet. Das Wesen stürmt einfach weiter, selbst wenn es den Helden erwischt hat.

Regel: Das Manöver Überrennen kann nur durchgeführt werden, wenn der Angreifer eine Anlaufstrecke von mindestens 8 Schritt hat und über eine GS von mindestens 4 verfügt. Dieser Angriff kann regulär abgewehrt werden. Sollte das Überrennen misslingen, erhält der Verteidiger Gelegenheit für einen Passierschlag, dieser ist aber zusätzlich um –4 erschwert.

Ist das Überrennen-Manöver erfolgreich, so ist eine Attacke gegen das Wesen durch den Angegriffenen in dieser KR um –2 erschwert. Am Ende der KR ist das Wesen, wenn es dies will, bis zu GS/2 Schritt von seinem Opfer entfernt, unabhängig davon, ob es mit dem Angriff getroffen hat oder nicht. Dieses Spezialmanöver kann nicht mit dem Basismanöver *Finte* kombiniert werden.

Erschwernis: +/–0

Voraussetzungen: Wesen verfügt automatisch über die SF

Unterwasserkampf (passiv)

Landlebewesen haben meist größere Probleme im Kampf im oder unter Wasser. Wer jedoch als Wasserlebewesen geboren wurde, kann im Wasser genauso kämpfen wie an Land.

Regel: Für Wesen mit dieser Sonderfertigkeit gelten die Erschwernisse im Kampf unter Wasser nicht (siehe **Regelwerk** Seite **239**).

Voraussetzungen: Wesen verfügt über den Vorteil *Wasserlebewesen*

Verbeißen (Spezialmanöver)

Manche Tiere verbeißen sich regelrecht in ihren Gegner. Dies führt dazu, dass sich das Opfer kaum noch bewegen kann und es durch das Reißen starken Blutverlust erleidet.

Regel: Das Wesen führt einen Biss-Angriff –2 aus. Kann der gelungene Angriff nicht verteidigt werden, so hat sich die Kreatur festgebissen. In den nachfolgenden KR gelingt die Biss-Attacke des Wesens automatisch, ohne dass die Meisterin würfeln muss. Jede weitere KR richtet der Verbeißen-Angriff +1 TP an (in der ersten KR noch keinen zusätzlichen TP, in der 2. KR +1 TP, in der 3. KR +2 TP usw.). Die TP werden wie üblich ausgewürfelt. Der Gegner erhält den Status *Fixiert*, es sei denn, bei der Kreaturenbeschreibung steht extra dabei, dass der Status entfällt. Die Verteidigung des Angreifers sinkt, während es durch den Biss am Gegner hängt, auf 0. Das Wesen kann am Ende einer KR entscheiden loszulassen (was 1 freie Aktion kostet).

Erschwernis: –2

Voraussetzungen: Wesen verfügt automatisch über die SF

Wertekästen der Gegner

Vom Wesen der Golems

Bei Golems handelt es sich um Kreaturen, die aus unbelebter Materie bestehen und durch einen Magier zwecks der Erfüllung bestimmter Aufgaben oder Tätigkeiten mit Leben erfüllt wurden. Hieraus ergeben sich einige Besonderheiten:

- Golems können nur durch die Zustände *Verwirrung* und *Paralyse* beeinträchtigt werden.
- Durch einen niedrigen LeP-Stand erleiden Golems keine Zustandsstufen *Schmerz* (siehe **Regelwerk** Seite **34**).
- Golems sind körperlich auf Dere existent und dadurch entsprechend verletzlich.
- Angriffe mit Lebensgöttern (z. B. Tsa) geweihten Waffen erzeugen doppelten Schaden. Die Trefferpunkte werden ausgewürfelt, dann verdoppelt, anschließend der Rüstungsschutz abgezogen.
- Angriffe mit profanen, magischen oder allen anderen Göttern geweihten Waffen sowie Zauber und Liturgien verursachen regulären Schaden.
- Golems sind immun gegen Zauber mit dem Merkmal *Verwandlung*.
- Golems sind immun gegen Gifte und Krankheiten.
- Golems können aus Liturgien keinen Nutzen ziehen.
- Golems nehmen die Welt durch ihren Magiesinn wahr. Sie brauchen dafür weder Licht noch Sinnessorgane wie Augen oder Ohren. Die Reichweite beträgt etwa 200 Schritt.
- Golems sind immun gegen Waffen der Kampftechniken *Dolche*, *Fechtwaffen*, *Armbrüste* und *Bögen*.
- Golems können keine LeP durch Regenerationsphasen regenerieren.

Vom Wesen der Untoten

Untote werden von Nekromanten erschaffen, um als absolut loyale Kämpfer zu dienen, Wachaufgaben zu übernehmen oder andere Tätigkeiten auszuführen. Ausgenommen hiervon sind freie Untote, die niemandem dienen und von einem unstillbaren Hass auf alles Lebende angetrieben werden.

Hieraus ergeben sich einige Besonderheiten:

- Untote können nur durch den Zustand *Paralyse* beeinträchtigt werden.
- Durch einen niedrigen LeP-Stand erleiden Untote keine Zustandsstufen *Schmerz* (siehe **Regelwerk** Seite **34**).
- Untote sind körperlich auf Dere existent und dadurch entsprechend verletzlich.
- Angriffe mit Totengöttern (z. B. Boron oder Tairach) geweihten Waffen erzeugen doppelten Schaden. Die Trefferpunkte werden ausgewürfelt, dann verdoppelt, anschließend der Rüstungsschutz abgezogen.
- Angriffe mit profanen, magischen oder allen anderen Göttern geweihten Waffen sowie Zauber und Liturgien verursachen regulären Schaden.
- Untote sind immun gegen Zauber mit den Merkmalen *Einfluss*, *Heilung* und *Illusion*.
- Untote sind immun gegen Gifte und Krankheiten.
- Untote können aus Liturgien keinen Nutzen ziehen.

- Untote nehmen die Welt durch ihren Magiesinn wahr. Sie brauchen dafür weder Licht noch Sinnessorgane wie Augen oder Ohren. Die Reichweite beträgt etwa 200 Schritt.
- Direktes Sonnenlicht schadet Untoten. Sie verlieren pro KR LeP. Die genaue Menge ist bei dem jeweiligen Untoten angegeben.
- Untote zerfallen nach einiger Zeit. Für jeden vollen Monat ihrer Existenz verlieren sie 1W6 LeP.
- Untote können keine LeP durch Regenerationsphasen regenerieren.

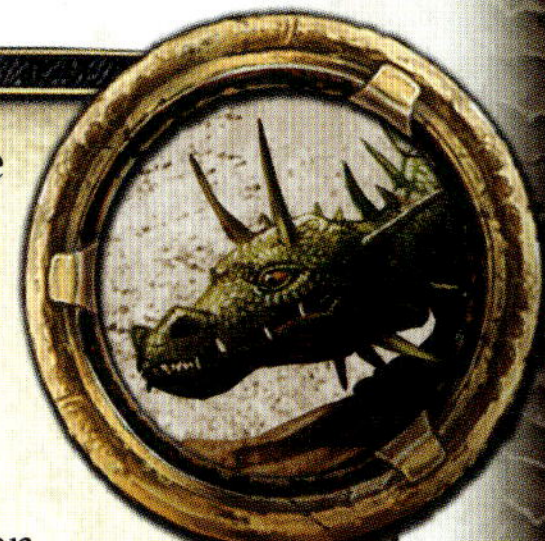

Baumdrache

Größe: 1,25 bis 1,50 Schritt lang (ohne Schwanz); 2,50 bis 3,00 Schritt (mit Schwanz); Flügelspannweite 2,80 bis 3,00 Schritt

Gewicht: 50 bis 75 Stein

MU 13 **KL** 12 (t) **IN** 13 **CH** 11

FF 10 **GE** 14 **KO** 15 **KK** 14

LeP 25 **AsP** – **KaP** – **INI** 16+1W6

VW 7 **SK** 2 **ZK** 2 **GS** 6/20 (an Land / in der Luft)

Biss: AT 12 **TP** 1W6+4 **RW** kurz

Klauen: AT 15 **TP** 1W6+3 **RW** kurz

Feuerodem*: FK 18 **LZ** 1 **TP** 1W6 **RW** 3/5/7 Schritt

RS/BE 1/0

Aktionen: 1

Sonderfertigkeiten: Anspringen (Klauen), Flugangriff (Klauen), Wuchtschlag I (Biss, Klauen)

Talente: Fliegen 10, Klettern 10, Körperbeherrschung 10, Kraftakt 8, Schwimmen 0, Selbstbeherrschung 4, Sinnesschärfe 10, Verbergen 7, Einschüchtern 7, Willenskraft 2

Anzahl: 1 oder 1W6+1 (Schwarmverband)

Größenkategorie: mittel

Typus: Drache, nicht humanoid

Beute: 35 Rationen (Fleisch, ungenießbar), diverse blinkende Objekte wie Münzen, Besteck oder Ringe im Drachennest (Wert: 1W6 x 1W6 Silbertaler), Drachenschuppen (35 Silbertaler), Trophäen (Zähne, 12 Silbertaler; Drachentränen, 2 Silbertaler; Drachenspeichel 1 Silbertaler; Drachenblut, 2 Silbertaler; Karfunkel, 100 Silbertaler)

Kampfverhalten: Baumdrachen lassen Menschen in Ruhe, es sei denn, sie bedrohen ihr Nest oder haben sichtbar funkelnde Gegenstände dabei. Dann greifen sie im Flug an und versuchen ihre Gegner anzuspringen, bis sie den Gegenstand haben oder ihr Gegner tot ist.

Flucht: Verlust von 50% der LeP

Tierkunde (Ungeheuer):

- **QS 1:** Baumdrachen reagieren aggressiv, wenn man ihre Nester bedroht. Sie mögen blinkende Gegenstände.
- **QS 2:** Mit funkelnden Dingen kann man sie anlocken. Ihren Feuerodem können sie täglich fünfmal einsetzen.
- **QS 3+:** Dem Feuerodem kann man durch bestimmte Bewegungsabläufe leichter entgehen.

Sonderregeln:

*) *Feuerodem:* Der Baumdrache kann seinen Feuerodem insgesamt fünfmal am Tag einsetzen. Leicht entflammbare Ziele können durch den Odem in Brand geraten. Bei einer 1 auf 1W6 erleidet der Held den Status *Brennend* durch seine brennende Kleidung. Der Feuerodem richtet sich immer nur gegen ein Ziel pro Anwendung.

Gleiche Bewegungsabläufe: Wer die Bewegungsabläufe des Baumdrachen kennt (Probe auf *Tierkunde* QS 3), der erhält einen Bonus von +2 auf Ausweichen gegen den Feuerodem des Baumdrachen.

Blitzende Gegenstände: Sollte sich ein Held in Sichtweite eines Baumdrachen befinden und auffällige blinkende Gegenstände bei sich tragen, muss der Baumdrache eine Probe auf *Willenskraft* ablegen. Bei Misslingen der Probe macht sich der Baumdrache auf, um den Gegenstand zu stehlen.

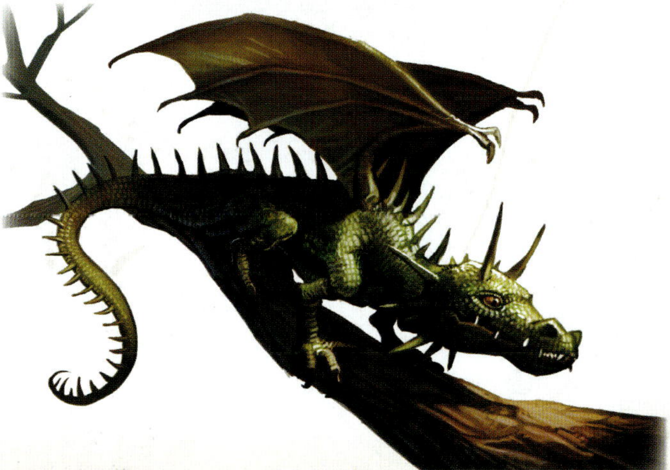

Baumspinne
Größe: 0,60 bis 0,90 Schritt hoch; 1,40 bis 1,60 Schritt lang
Gewicht: 30 bis 50 Stein
MU 11 **KL** 11 (t) **IN** 14 **CH** 8
FF 14 **GE** 15 **KO** 10 **KK** 13
LeP 20 **AsP** – **KaP** – **INI** 12+2W6
VW 4 **SK** 2 **ZK** 1 **GS** 8
Biss: AT 15 **TP** 1W6+3(+Gift*) **RW** kurz
RS/BE: 2/0
Aktionen: 1
Vorteile/Nachteile: Dunkelsicht I, Herausragender Sinn (Tastsinn)
Sonderfertigkeiten: Anspringen (Biss), Verbeißen (Biss)
Talente: Einschüchtern 7, Klettern 15, Körperbeherrschung 10, Kraftakt 7, Schwimmen 3, Selbstbeherrschung 8, Sinnesschärfe 12, Verbergen 13, Willenskraft 5
Anzahl: 1 oder 1W3+2 (Spinnennest)
Größenkategorie: mittel
Typus: Tier, nicht humanoid
Beute: 25 Rationen Innereien (ungenießbar), Gift (75 Silbertaler), Chitin (25 Silbertaler)
Kampfverhalten: Baumspinnen warten, bis etwas ihre Klebefäden berührt, dann greifen sie ihr Opfer an und verfolgen es auch, bis es sich zu weit von ihrem Nest entfernt hat (etwa 40 Schritt). Gelegentlich gehen Baumspinnen außerhalb ihres Reviers auf Beutejagd. Wesen bis zur Größe eines Menschen werden als Beute betrachtet.
Flucht: Verlust von 50 % der LeP
Schmerz +1 bei: 16 LeP, 12 LeP, 8 LeP, 5 LeP oder weniger

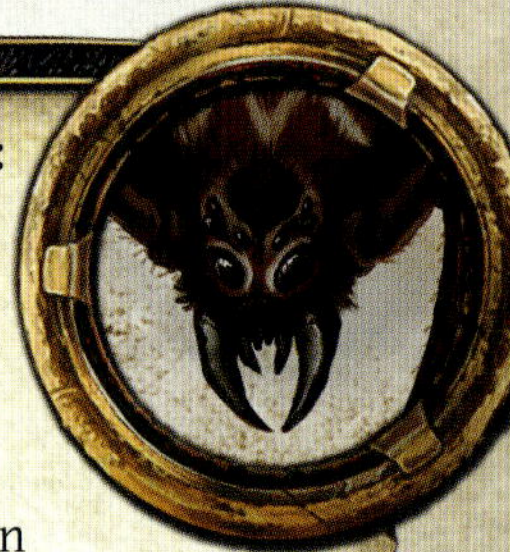

Tierkunde (Ungeheuer oder Wildtiere):
- **QS 1:** Baumspinnen sind eng mit den Höhlenspinnen verwandt und ebenso giftig.
- **QS 2:** Sie belauern ihre Beute, springen plötzlich hervor und stürzen sich auf sie. Zudem spinnen sie kaum sichtbare Klebefäden zwischen den Bäumen ihres Jagdreviers.
- **QS 3+:** Baumspinnen sind Laurer, keine Jäger, und verfolgen ihre Beute selten weit über die unmittelbare Umgebung ihres Reviers hinaus.

Sonderregeln:
Klebfäden: Helden können sich in den Klebefäden der Spinne verfangen. Um die Fäden zu entdecken, ist eine Probe auf *Sinnesschärfe (Wahrnehmen)* erschwert um –3 erforderlich. Bei Gelingen werden die Fäden rechtzeitig entdeckt. Bei Misslingen stolpert der Held darüber. Er erhält die Status *Fixiert* und *Liegend*. Um sich von dem Faden zu befreien, muss eine Sammelprobe auf *Körperbeherrschung (Entwinden)* +1 oder *Kraftakt* +2 gelingen (es müssen 10 QS angesammelt werden, Zeitintervall 1 Kampfrunde, 7 erlaubte Proben, danach ist der Held entweder frei oder schafft es nicht aus eigener Kraft).
**) Baumspinnengift:* Die Baumspinne kann das Gift mehrfach einsetzen. Die Wirkung ist kumulativ.
Stufe: 4
Art: Waffengift, tierisch (komplex)
Widerstand: Zähigkeit
Wirkung: 1 Stufe *Paralyse* / keine Auswirkungen
Beginn: 3 KR
Dauer: 24 Stunden / –
Kosten (Kauf/Verkauf): 300 Silbertaler / 75 Silbertaler

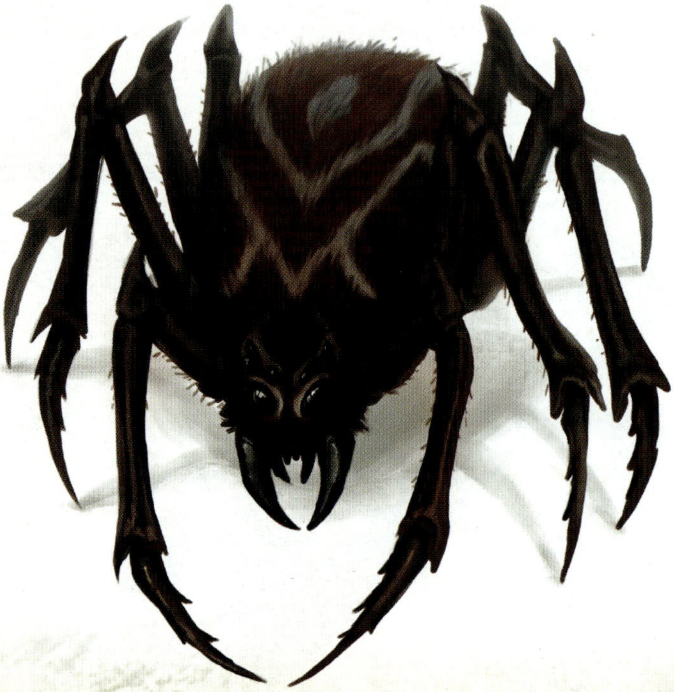

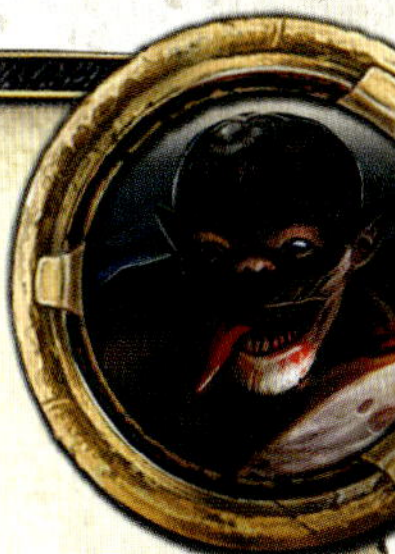

Ghul

Größe: 1,60 bis 1,80 Schritt Körpergröße

Gewicht: 60 bis 80 Stein

MU 15 **KL** 11 (t) **IN** 14 **CH** 9

FF 13 **GE** 12 **KO** 18 **KK** 16

LeP 36 **AsP** – **KaP** – **INI** 13+1W6

AW 6 **SK** 3 **ZK** 1 **GS** 7

Biss: **AT** 12 **TP** 1W6 + 4 (+Gift)* **RW** kurz

Klauen: **AT** 11 **TP** 1W6 + 2 (+Krankheit)** **RW** mittel

RS/BE: 2/0

Aktionen: 1

Vorteile/Nachteile: Dunkelsicht II, Herausragender Sinn (Geruch) / Lichtempfindlich

Sonderfertigkeiten: Wuchtschlag I (Biss, Klauen)

Talente: Einschüchtern 9, Klettern 4, Körperbeherrschung 4, Kraftakt 7, Schwimmen 3, Selbstbeherrschung 8, Sinnesschärfe 8, Verbergen 7, Willenskraft 10

Anzahl: 1

Größenkategorie: mittel

Typus: übernatürliches Wesen, humanoid

Beute: 60 Rationen Fleisch (ungenießbar und giftig, siehe Ghulgift)

Kampfverhalten: Ghule ziehen sich bei Tage in eine Gruft oder Höhle zurück, da Sonnenlicht ihnen unangenehm ist. Wenn sie Hunger haben, gehen sie auf die Jagd, fressen Leichen und scheuen auch nicht davor zurück, Lebende anzugreifen.

Flucht: Verlust von 50 % der LeP

Schmerz +1 bei: 27 LeP, 18 LeP, 9 LeP, 5 LeP und weniger

Magiekunde (Magische Wesen):

- **QS 1:** Ghule sind Leichenfresser und scheuen das Licht.
- **QS 2:** Wer von einem Ghul gebissen wird, verwandelt sich möglicherweise selbst in einen.
- **QS 3+:** Ghulgift kann man mittels Magie und Götterwirken behandeln. Wird ein Lebewesen so geheilt, verwandelt es sich nicht in einen Ghul.

Sonderregeln:

*) *Ghulgift:* Der Speichel der Ghule enthält ein magisches Gift, welches das Opfer langsam in einen Ghul verwandelt (siehe Seite **57**).

) *Krankheitsüberträger:* Ghule können Krankheiten übertragen. Für je 10 SP wird mit 1W20 gewürfelt: 1–12 (keine Krankheit), 13–17 (Lutanas), 18–20 (Rascher Wahn). Ist der Held infiziert, muss eine Krankheitsprobe ablegt werden (siehe **Regelwerk Seite **343**).

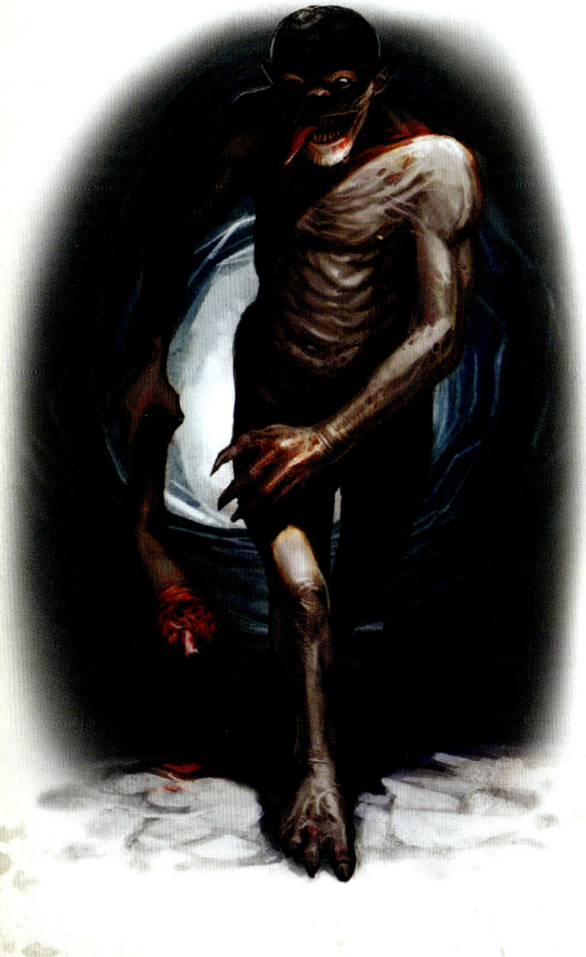

Ghulgift

Der Speichel der Ghule enthält ein magisches Gift, welches das Opfer langsam in einen Ghul verwandelt. Das Gift ist nur mittels magischer und karmaler Heilmethoden oder einer Probe auf *Heilkunde Gift (tierisches Gift)* erschwert um –5 heilbar. Eine Heilung ist jedoch nur möglich, solange die Verwandlung noch nicht abgeschlossen ist. Voraussetzung für die Probe sind ein Aderlass (2W6 SP beim Patienten) und der Einsatz von Misteln. Stirbt der Patient während der Heilbehandlung, wird dieser unabhängig von ihrem Gelingen zum Ghul.

Stufe: 6

Art: Waffengift, tierisch

Widerstand: Zähigkeit

Wirkung: Erkrankter verwandelt sich binnen 1W3 Tagen in einen Ghul / 1 Stufe *Paralyse*

Beginn: sofort

Dauer: permanent / 12 Stunden

Kosten: nicht extrahierbar, daher auch kein Preis

Jaguar

Größe: 1,40 bis 1,80 Schritt (ohne Schwanz); 2,00 bis 2,40 Schritt (mit Schwanz); 0,70 bis 0,80 Schritt Schulterhöhe

Gewicht: 80 bis 130 Stein

MU 14 **KL** 11 (t) **IN** 13 **CH** 13

FF 12 **GE** 16 **KO** 13 **KK** 14

LeP 40 **AsP** – **KaP** – **INI** 17+1W6

VW 10 **SK** –3 **ZK** 0 **GS** 16

Biss: AT 15 **TP** 2W6+1 **RW** kurz

Pranke: AT 15 **TP** 1W6+2 **RW** kurz

RS/BE: 0/0

Aktionen: 2 (max. 1 x Biss)

Vorteile/Nachteile: keine

Sonderfertigkeiten: Anspringen (Pranke), Finte I (Pranke, Biss), Kampfreflexe I+II, Verbeißen (Biss), Verbessertes Ausweichen I+II

Talente: Einschüchtern 9, Klettern 13, Körperbeherrschung 12, Kraftakt 7, Schwimmen 3, Selbstbeherrschung 5, Sinnesschärfe 12, Verbergen 12, Willenskraft 6

Anzahl: 1 oder 1W3+1 (Jagdgruppe, in Ausnahmefällen)

Größenkategorie: mittel

Typus: Tier, nicht humanoid

Beute: 50 Rationen Fleisch, Fell (15 Silbertaler), Trophäe (Zähne, 4 Silbertaler)

Kampfverhalten: Jaguare verstecken sich auf Bäumen und lauern dort auf ihre Beute. Manchmal tun sie dies bis zu einer halben Stunde lang, bevor sie angreifen. Sie versuchen, sich an ihr Opfer heranzuschleichen und es zu überraschen.

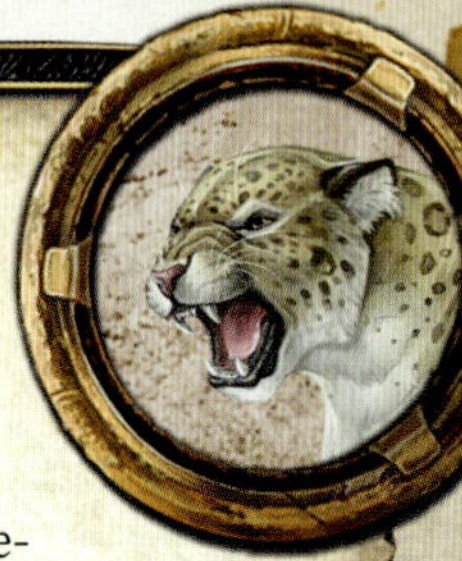

Flucht: Verlust von 50 % der LeP

Schmerz +1 bei: 30 LeP, 20 LeP, 10 LeP, 5 LeP oder weniger

Tierkunde (Wildtiere):

- **QS 1:** Jaguare werden durch den Geruch von gebratenem Fleisch am Lagerfeuer angelockt. Sie greifen aber nicht sofort an, sondern beobachten menschengroße Wesen in der Regel erst eine Weile und entscheiden dann, ob sie angreifen oder nicht.
- **QS 2:** Die Waldmenschenstämme Südaventuriens verehren Kamaluq, den göttlichen Jaguar. Ob das Erlegen eines Jaguars bei einem der Stämme Ansehen einbringt oder die Waldmenschen zornig macht, ist von Stamm zu Stamm und von Sippe zu Sippe unterschiedlich.
- **QS 3+:** Jaguare transportieren ihre Beute an einen sicheren Ort.

Jagd: –3

Sonderregeln:

Beute verschleppen: Wenn ein Jaguar seine Beute erlegt hat oder sie *Handlungsunfähig* ist, schleppt er sie vom Kampfplatz weg, um sie zu einem sicheren Versteck zu bringen (z. B. in eine Höhle oder auf einen Baum, den er erklettern kann). In dieser Situation lässt er von seiner Beute nur ab, wenn er stark verwundet wird (unter 25 % seiner LeP). Solange er seine Beute mitschleppt, ist er sehr langsam (GS 4).

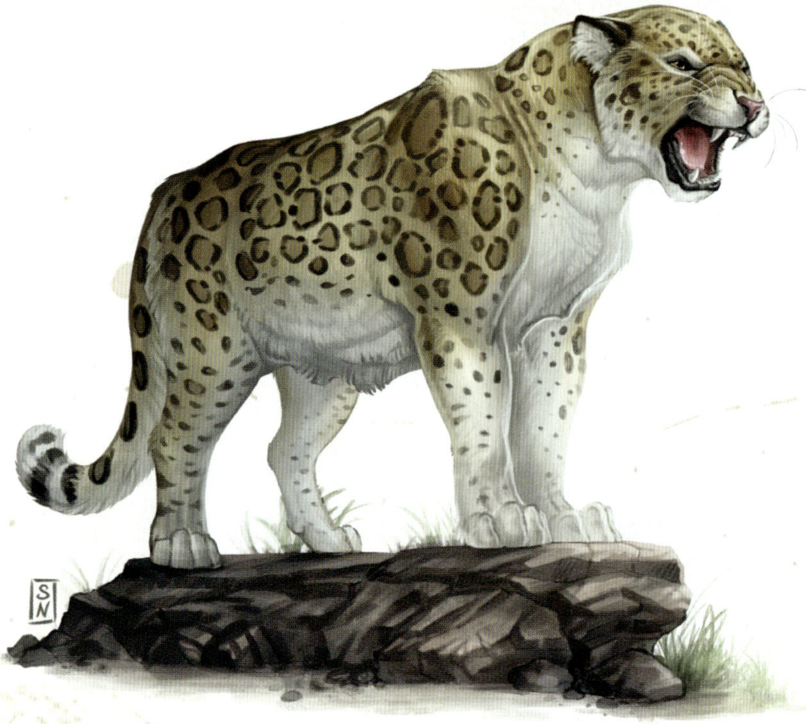

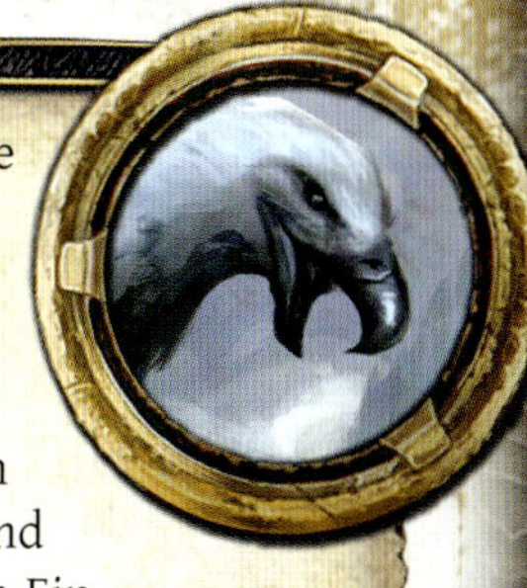

Königsadler

Größe: 1,10 bis 1,50 Schritt Körpergröße; 2,80 bis 3,00 Schritt Flügelspannweite

Gewicht: 9 bis 10 Stein

MU 15 **KL** 12 (t) **IN** 14 **CH** 14

FF 11 **GE** 14 **KO** 14 **KK** 12

LeP 15 **AsP** – **KaP** – **INI** 15+1W6

VW 8 **SK** 0 **ZK** 0 **GS** 1/20 (an Land / in der Luft)

Klauen und Schnabel: AT 13 **TP** 1W6+3 **RW** kurz

RS/BE: 0/0

Aktionen: 1

Sonderfertigkeiten: Angriff auf ungeschützte Stellen (Klauen und Schnabel), Flugangriff (Klauen und Schnabel), Verbessertes Ausweichen I

Talente: Einschüchtern 7, Fliegen 11, Körperbeherrschung 10, Kraftakt 6, Selbstbeherrschung 12, Sinnesschärfe 14, Verbergen 6, Willenskraft 6

Anzahl: 1 oder 2 (Paar)

Größenkategorie: mittel

Typus: Tier, nicht humanoid

Beute: 5 Rationen Fleisch, Trophäe (Federn, 8 Silbertaler)

Kampfverhalten: Königsadler betrachten menschengroße Wesen nicht als Beute, aber wenn ihre Gelege bedroht werden, greifen sie auch Menschen an. Wer sich also bis auf 50 Schritt oder weniger an den Adlerhorst herantraut, wird als Eindringling betrachtet. Die Adler attackieren diesen dann mit Krallen und Schnabel, fliegen wieder davon und greifen nach 2 KR erneut an, bis der Eindringling verschwindet.

Flucht: Verlust von 50 % der LeP

Schmerz +1 bei: 11 LeP, 8 LeP, 4 LeP, 3 LeP oder weniger

Tierkunde (Wildtiere):

- **QS 1:** Die Vögel gelten als die Könige der Lüfte und ihre Federn waren schon immer eine begehrte Beute.
- **QS 2:** Der Adlerhorst wird meist von einem Adlerpaar bewohnt, das hier seine Jungen aufzieht.
- **QS 3+:** Der Königsadler ist vom Aussterben bedroht und im Mittel- und Horasreich ist es unter Strafandrohung verboten, ohne Notwehr auf die Vögel zu schießen oder Eier aus den Gelegen zu rauben.

Jagd: –2

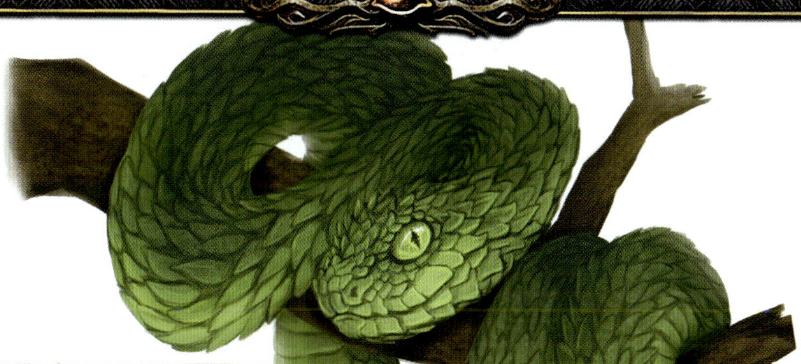

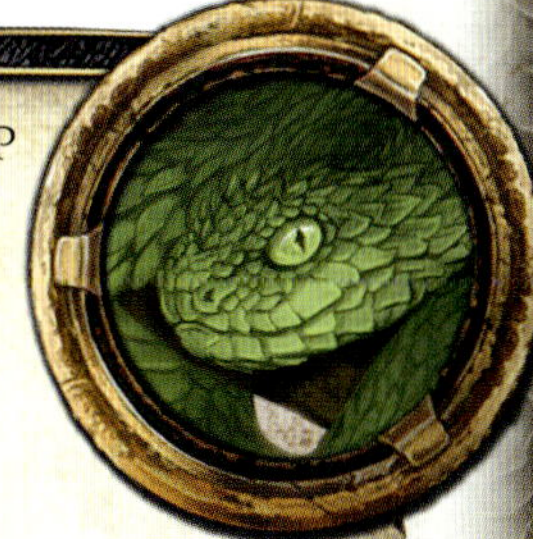

Mysobviper

MU 16 **KL** 12 (t) **IN** 13 **CH** 12

FF 8 **GE** 12 **KO** 10 **KK** 6

LeP 11 **AsP** – **KaP** –1**INI** 6+1W3

VW 4 **SK** 0 **ZK** 1 **GS** 6

Biss: AT 13 **TP** 1W3 (+Gift)* **RW** kurz

RS/BE: 0/0

Aktionen: 1

Sonderfertigkeiten: Angriff auf ungeschützte Stellen

Talente: Körperbeherrschung 4, Selbstbeherrschung 14, Sinnesschärfe 7, Verbergen 14, Einschüchtern 7, Willenskraft 14

Größenkategorie: klein

Beute: 3 Rationen, Gift (25 Silbertaler)

Kampfverhalten: Die Viper greift aus dem Hinterhalt an und zieht sich dann zurück.

Flucht: flieht nach Bissversuch.

Schmerz +1 bei: 8 LeP, 6 LeP, 4 LeP, 2 LeP

Tierkunde (Wildtiere):

- **4 FP:** Die Mysobviper ist giftig.
- **8 FP:** kein spezielles Wissen
- **12 FP:** Wissen um die richtigen Heilkräuter

Jagd: –3

Sonderregeln:

*) *Mysobvipergift:* Die Mysobviper kann das Gift mehrfach einsetzen.

Stufe: 5

Art: Waffengift, tierisch

Beginn: sofort

Dauer: einmalig für jeden Biss

Wirkung: 1W6 + 1 SP / 1W3 + 1 SP, Folgebisse in den nächsten 6 Stunden jeweils 2W6 + 2 SP / 2W3 + 2 SP, 3W6 + 3 SP / 3W3 + 3 SP usw.

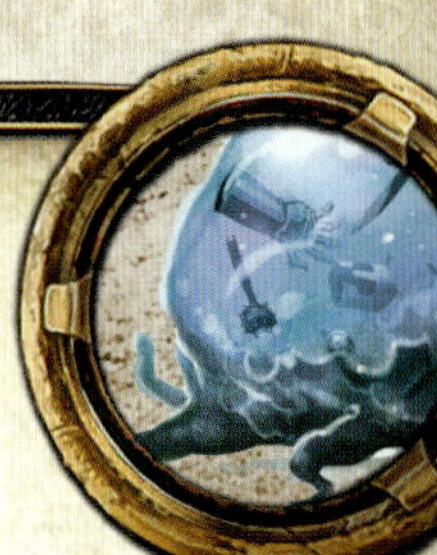

Riesenamöbe
Größe: nicht genau bestimmbar
Gewicht: 150 bis 750 Stein
MU 20 **KL** 6 (t) **IN** 14 **CH** 11
FF 12 **GE** 12 **KO** 18 **KK** 17
LeP 30 **AsP** – **KaP** – **INI** 10 +1W6
VW 3 **SK** 4 **ZK** 4 **GS** 3
Scheinarm: AT 6 **TP** 1W3 + KR/2 **RW** je nach Bedarf kurz bis lang
RS/BE: 0/0
Aktionen: 1
Vorteile/Nachteile: keine
Sonderfertigkeiten: Klammergriff
Talente: Einschüchtern 7, Klettern 12, Körperbeherrschung 6, Kraftakt 13, Schwimmen 12, Selbstbeherrschung – (Probe gelingt automatisch), Sinnesschärfe 7, Verbergen 13, Willenskraft – (Probe gelingt automatisch)
Anzahl: 1
Größenkategorie: groß
Typus: Tier, nicht humanoid
Beute: Münzen, Pokale, Steine
Kampfverhalten: Riesenamöben lauern zunächst ihrem Opfer auf und versuchen es dann zu verschlingen. Entkommt ein Opfer, verfolgen sie es langsam, aber stetig bis zu 13 Stunden lang.
Flucht: bei unter 6 LeP
Schmerz +1 bei: immun gegen *Schmerz*
Tierkunde (Ungeheuer):
- **QS 1:** Riesenamöben kennen keinen Schmerz.
- **QS 2:** Riesenamöben verfolgen ein Opfer sehr lange.
- **QS 3+:** Im Inneren einer Riesenamöbe werden Metall und Stein nicht verdaut. Manchmal findet man also in ihr wahre Schätze.

Sonderregeln:
Immunität gegen Fechtwaffen (außer Rapier), Hiebwaffen (außer Axttypen), Kettenwaffen, Lanzen, Raufen, Schilde, Stangenwaffen (außer Axttypen) und Zweihandhiebwaffen (außer Axttypen), alle Fernkampftechniken (außer Wurfaxttypen): Die genannten Kampftechniken richten bei Riesenamöben keine TP an.

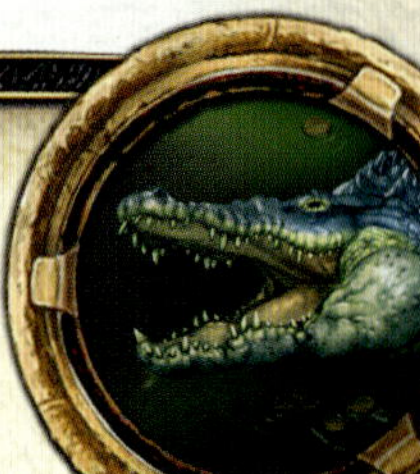

Riesenkaiman
Größe: 5,00 bis 8,00 Schritt (mit Schwanz); 3,50 bis 6,50 Schritt (ohne Schwanz); 0,40 bis 0,60 Schritt Höhe
Gewicht: 400 bis 650 Stein
MU 16 **KL** 10 (t) **IN** 13 **CH** 12
FF 8 **GE** 11 **KO** 21 **KK** 25
LeP 80 **AsP** – **KaP** – **INI** 10 + 1W6
VW 3 **SK** –1 **ZK** 5 **GS** 4/6 (an Land / im Wasser)
Biss: AT 9 **TP** 2W6 + 9 **RW** kurz
Schwanz: AT 11 **TP** 1W6 + 6 **RW** mittel
RS/BE: 5/0
Aktionen: 1
Vorteil: Wasserlebewesen
Sonderfertigkeiten: Unterwasserkampf, Verbeißen (Biss), Wuchtschlag I+II (Biss, Schwanz), Zu Fall bringen (Schwanz)
Talente: Einschüchtern 13, Klettern (keine Probe erlaubt; Kaimane können nicht klettern), Körperbeherrschung 3, Kraftakt 15, Schwimmen 9, Selbstbeherrschung 14, Sinnesschärfe 8, Verbergen 12, Willenskraft 10
Anzahl: 1 (seltene Ausnahme) oder 1W6 + 1 (kleine Gruppe) oder 2W6 + 6 (große Gruppe)
Größenkategorie: mittel
Typus: Tier, nicht humanoid
Beute: 140 Rationen Fleisch, 6 bis 20 Rationen Eier pro Nest, Haut (40 Silbertaler), Trophäe (Zähne, 8 Silbertaler)
Kampfverhalten: Riesenkaimane verbergen sich im Wasser und schwimmen vorsichtig zu ihrer Beute. Sobald sie nahe genug herangekommen sind, versuchen sie, sich in ihre Beute zu verbeißen und sie anschließend unter Wasser zu ziehen.
Flucht: Verlust von 50 % der LeP
Schmerz +1 bei: 34 LeP, 23 LeP, 11 LeP, 5 LeP oder weniger
Fischen & Angeln (Süßwassertiere):
- **QS 1:** Riesenkaimane greifen nicht blindlings an, sobald man ins Wasser gefallen ist oder ihr Revier betritt. Sie schwimmen fast lautlos zu ihrer Beute und versuchen, sie zu überraschen.
- **QS 2:** Wenn Riesenkaimane ausgehungert sind, geraten sie beim Angriff auf ihre Beute gelegentlich untereinander in Streit. Ein solcher Moment kann die letzte Möglichkeit zur Flucht für die Beute sein.
- **QS 3+:** Sind Riesenkaimane satt, greifen sie niemanden an und man kann sie meist gefahrlos passieren.

Jagd: –5
Sonderregeln:
Ins Wasser ziehen: Riesenkaimane, die sich im Wasser aufhalten und Beute vom Strand ins Wasser ziehen wollen, schwimmen zunächst vorsichtig in ihre Richtung. Ist der Riesenkaiman nahe genug an seinem Opfer, schnellt er aus dem Wasser hervor und beißt zu. Sobald sich ein Kaiman in seine Beute verbissen hat, versucht er sie ins Wasser zu ziehen (Vergleichsprobe *Kraftakt* des Riesenkaimans gegen *Kraftakt (Ziehen & Zerren)* der Beute; gewinnt der Riesenkaiman diese Vergleichsprobe, so wird die Beute ins Wasser gezogen). Riesenkaimane an Land oder solche, die ihre Beute schon im Wasser angreifen, ziehen ihre Beute nicht mit dieser Taktik ins Wasser, sondern nutzen ihre Biss-Angriffe nur, um den Gegner zu verletzten und zu töten.

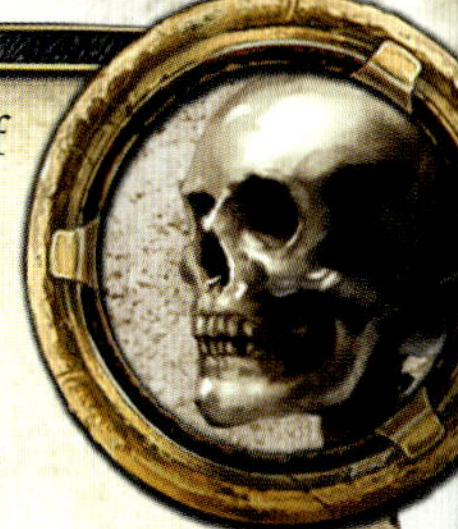

Skelett

Größe: 1,60 bis 2,00 Schritt bzw. nach Ursprungskörper
Gewicht: etwa 10 Stein bzw. nach Ursprungskörper
MU 20 **KL** 10 (t) **IN** 10 **CH** 11
FF 8 **GE** 11 **KO** 11 **KK** 13
LeP 14 **AsP** – **KaP** – **INI** 8+1W6
AW 6 **SK** –1 **ZK** –1 **GS** 8
Waffenlos: **AT** 10 **PA** 4 **TP** 1W6 **RW** kurz
Langschwert: **AT** 11 **PA** 6 **TP** 1W6 + 4 **RW** mittel
Langschwert und Holzschild: **AT** 11 **PA** 7 **TP** 1W6 + 4 **RW** mittel
Kurzbogen: **FK** 10 **LZ** 1 **TP** 1W6 + 4 **RW** 10/50/80
Leichte Armbrust: **FK** 10 **LZ** 8 **TP** 1W6 + 6 **RW** 10/50/80
RS/BE: 0/0 oder je nach Rüstung
Aktionen: 1
Vorteile/Nachteile: Lichtempfindlich (wirkt, obwohl Skelette als Untote ansonsten nicht den Zustand *Schmerz* erleiden können)
Sonderfertigkeiten: keine
Talente: Einschüchtern 6, Klettern 4, Körperbeherrschung 2, Kraftakt 4, Schwimmen (keine Probe erlaubt; Skelette können nicht schwimmen), Selbstbeherrschung – (gelingt automatisch), Sinnesschärfe 4, Verbergen 4, Willenskraft – (gelingt automatisch)
Anzahl: 1 oder 1W6 + 1 (Skeletthorde)
Größenkategorie: mittel
Typus: Untoter (Hirnloser), humanoid
Erschaffungsschwierigkeit: +/–0
Erschaffungskomplexität: primitiv
Beute: Knochen, gegebenenfalls Waffen, Schild und Rüstung
Kampfverhalten: Skelette gehorchen den Befehlen ihres Beschwörers und werden häufig als hirnlose Arbeitssklaven oder Wachen eingesetzt. Sind sie freie Untote, folgen sie ihrem Hass auf alles Lebendige und greifen ein wahrgenommenes Lebewesen meist sofort an.
Flucht: Skelette fliehen nicht. Sie kämpfen ohne Rücksicht auf Verluste bis zum Ende.
Schmerz +1 bei: immun gegen *Schmerz*
Magiekunde (Magische Wesen):

- **QS 1:** Skelette kämpfen bis zum bitteren Ende.
- **QS 2:** Dolche, Fechtwaffen und Fernkampfwaffen richten gegen Skelette nur wenig Schaden an.
- **QS 3+:** Skelette greifen nur Lebende an und lassen sich leicht täuschen. Stellt man sich tot, lassen sie einen in Ruhe.

Sonderregeln:
Empfindlich gegen Hiebwaffen und Zweihandhiebwaffen: Hiebwaffen und Zweihandhiebwaffen richten doppelte SP an. Totengöttern geweihte Waffen richten in diesem Fall vierfachen Schaden an (statt nur den doppelten).
Extrem lichtempfindlich: Ist das Skelett direktem Sonnenlicht ausgesetzt, erleidet es 1 SP pro KR.
Meute: Skelette, die gemeinsam einen Gegner angreifen, erhalten pro Skelett in der Überzahl +1 AT (bis zu einem Maximum von +2 AT).
Unempfindlich gegen Dolche, Fechtwaffen und Fernkampfwaffen: Dolche, Fechtwaffen und Fernkampfwaffen (außer Wurfkeulen und -speere) richten bei Skeletten nur halbe TP an. Totengöttern geweihte Waffen richten in diesem Fall normalen Schaden an (also keinen doppelten).
Untoten-Regeln: Für Skelette gelten die allgemeinen Untoten-Regeln (siehe Seite **54**).

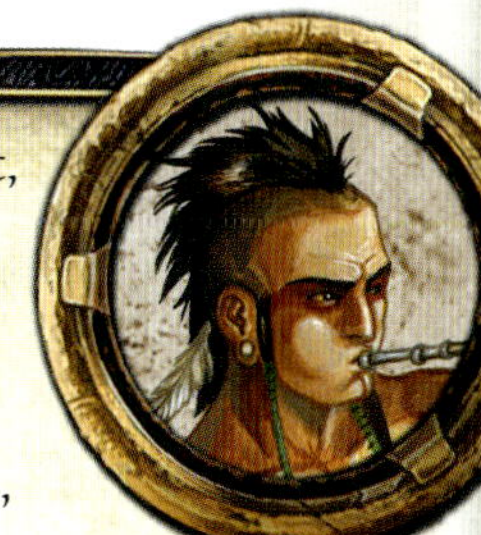

Stammeskrieger der Waldmenschen

MU 14 **KL** 10 **IN** 13 **CH** 12
FF 11 **GE** 13 **KO** 14 **KK** 14
LeP 36 **AsP** – **KaP** – **INI** 14 + 1W6
AW 7 **SK** 1 **ZK** 2 **GS** 8
Waffenlos: **AT** 14 **PA** 8 **TP** 1W6 **RW** kurz
Holzspeer: **AT** 14 **PA** 8 **TP** 1W6 + 2 **RW** lang
Blasrohr*: **FK** 13 **LZ** 2 **TP** 1W3 + 1 (+Gift) **RW** 2/10/15
RS/BE: 0/0
Aktionen: 1
Vorteile/Nachteile: Zäher Hund
Sonderfertigkeiten: Aufmerksamkeit, Wuchtschlag I
Talente: Einschüchtern 9, Klettern 6, Körperbeherrschung 9, Kraftakt 10, Schwimmen 6, Selbstbeherrschung 11, Sinnesschärfe 12, Verbergen 11, Willenskraft 8
Kampfverhalten: individuell
Flucht: Verlust von 50 % der LeP
Schmerz +1 bei: 27 LeP, 18 LeP, 9 LeP, 5 LeP oder weniger

*) Näheres zur Kampftechnik *Blasrohre* findest du auf Seite **47**.

Steinstatuen

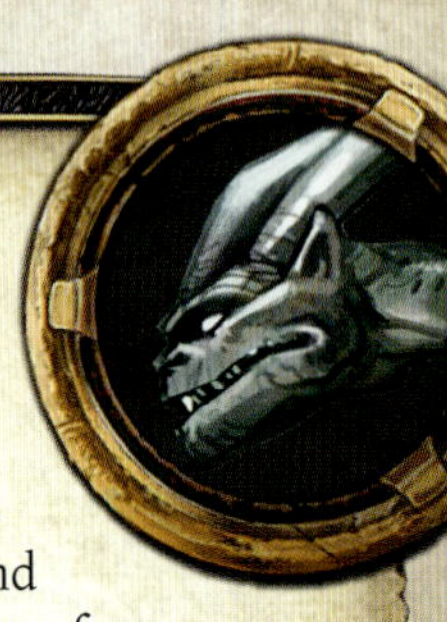

Größe: 1,60 bis 2,00 Schritt
Gewicht: 300 bis 500 Stein
MU 18 **KL** 7 **IN** 10 **CH** 10
FF 12 **GE** 12 **KO** 18 **KK** 16
LeP 80 **AsP** – **KaP** – **INI** 11 + 1W6
VW 6 **SK** 3 **ZK** 4 **GS** 4
Waffenlos: AT 11 **TP** 1W6 + 4 **RW** mittel
RS/BE: 10/0
Aktionen: 1
Vorteile/Nachteile: keine
Sonderfertigkeiten: Schildspalter (Waffenlos), Wuchtschlag I-III (Waffenlos) (Schildspalter (Waffenlos), Wuchtschlag I-II (Waffenlos))
Talente: Einschüchtern 8, Körperbeherrschung 5, Kraftakt 10, Selbstbeherrschung 18, Sinnesschärfe 3, Verbergen 8, Willenskraft 8
Anzahl: 1
Größenkategorie: mittel
Typus: Golem, humanoid oder nicht humanoid
Erschaffungsschwierigkeit: –2
Erschaffungskomplexität: einfach
Beute: Stein, ggf. Waffen
Kampfverhalten: greift ohne Taktik den erstbesten Gegner an
Flucht: flieht nicht
Magiekunde (Magische Wesen):

* **QS 1:** Golems aus Stein werden sehr häufig erschaffen, weil sie sich gut als Wächter eignen und nur schwer zu besiegen sind. Einige Steingolems gleichen eher Statuen und sind detailliert gearbeitet. Sie sind als unauffällige Spione gut geeignet.
* **QS 2:** Steingolems sind immun gegen Feuer.
* **QS 3+:** Steingolems sind klobig und unbeweglich. Belebte Statuen sind dagegen agiler, aber auch weniger stark als die weniger fein gearbeiteten Steingolems.

Sonderregeln:
Feuerimmunität: Steingolems sind immun gegen Feuerschaden und nicht brennbar.
Waffenkundig (nur belebte Statuen): Steingolems können beliebige Dolche, Hiebwaffen, Kettenwaffen, Lanzen, Schwerter, Stangenwaffen, Zweihandhiebwaffen und Zweihandschwerter führen, sofern ihre Korpusform dies zulässt. Das letzte Wort hat hierbei die Meisterin. Ihr AT-Wert ist stets 10.
Golem-Regeln: Für Steingolems gelten die allgemeinen Golem-Regeln (siehe Seite **54**).

Tiger

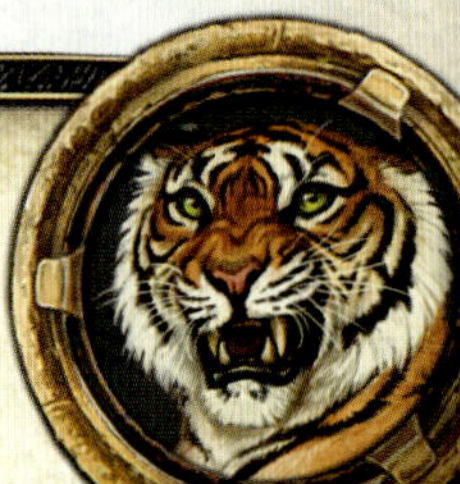

Größe: 2,00 bis 2,50 Schritt (ohne Schwanz), 2,50 bis 3,10 Schritt (mit Schwanz), 0,90 bis 1,00 Schritt Schulterhöhe
Gewicht: 150 bis 300 Stein
MU 14 **KL** 11 (t) **IN** 13 **CH** 14
FF 11 **GE** 15 **KO** 14 **KK** 16
LeP 50 **AsP** – **KaP** – **INI** 16 + 1W6
VW 8 **SK** –2 **ZK** 0 **GS** 14
Biss: AT 15 **TP** 2W6 + 3 **RW** kurz
Pranke: AT 15 **TP** 1W6 + 4 **RW** kurz
RS/BE: 0/0
Aktionen: 2 (max. 1 x Biss)
Vorteile/Nachteile: Dunkelsicht I
Sonderfertigkeiten: Anspringen (Pranke), Finte I (Pranke, Biss), Kampfreflexe I, Verbeißen (Biss), Verbessertes Ausweichen I
Talente: Einschüchtern 11, Klettern 5, Körperbeherrschung 9, Kraftakt 10, Schwimmen 8, Selbstbeherrschung 5, Sinnesschärfe 10, Verbergen 10, Willenskraft 6
Anzahl: 1
Größenkategorie: groß
Typus: Tier, nicht humanoid
Beute: 60 Rationen Fleisch, Fell (20 Silbertaler), Trophäe (Zähne, 8 Silbertaler)
Kampfverhalten: Tiger schleichen sich an ihre Beute an und überraschen sie aus dem Hinterhalt. Wenn sie angegriffen werden, leisten sie erbittert Gegenwehr. Ihre Jungen verteidigen sie bis zum Tod.
Schmerz +1 bei: 38 LeP, 25 LeP, 13 LeP, 5 LeP oder weniger
Flucht: Verlust von 50 % der LeP
Tierkunde (Wildtiere):

- **QS 1:** Tiger greifen ihre Beute von hinten an.
- **QS 2:** In seltenen Fällen entwickeln Tiger einen Appetit für Menschenfleisch und spezialisieren sich auf die Jagd nach den Zweibeinern.
- **QS 3+:** Die Elitegarde des Radjarat Zorghana ist nach dem Tier als *Eiserne Tiger* benannt worden.

Sonderregeln:
Beute verschleppen: Wenn ein Tiger größere Beutetiere erlegt hat oder sie *Handlungsunfähig* sind, schleppt er sie vom Kampfplatz weg, um sie zu einem sicheren Versteck zu bringen (unter Blättern oder Ästen). In dieser Situation lässt er von seiner Beute nur ab, wenn er stark verwundet wird (unter 25 % seiner LeP). Solange er seine Beute mittschleppt, ist er sehr langsam (GS 4).
Tarnung: Durch die Farbe des Fells kann der Tiger sich in entsprechender Umgebung (Mangrovenwälder und -sümpfe) gut tarnen. Proben auf Sinnesschärfe (*Hinterhalt entdecken* oder *Wahrnehmen*), um sie zu entdecken, sind dort um –2 erschwert.

Tschumbi
Größe: 1,50 bis 1,70 Schritt bzw. nach Ursprungskörper
Gewicht: 40 bis 60 Stein bzw. nach Ursprungskörper
MU 20 **KL** 7 (t) **IN** 11 **CH** 9
FF 6 **GE** 9 **KO** 14 **KK** 12
LeP 26 **AsP** – **KaP** – **INI** 7 + 1W6
VW 2 **SK** 2 **ZK** 2 **GS** 4
Waffenlos: **AT** 8 **TP** 1W6 (+Krankheit)* **RW** kurz
Keule: **AT** 9 **TP** 1W6+3 **RW** mittel
Knochendolch: **AT** 9 **TP** 1W6 (+Krankheit)* **RW** kurz
Biss: **AT** 9 **TP** 1W6 + 3 (+Krankheit)* **RW** kurz
RS/BE: 2/0 oder je nach Rüstung
Aktionen: 1
Vorteile/Nachteile: Lichtempfindlich (wirkt, obwohl Tschumbies als Untote ansonsten nicht den Zustand *Schmerz* erleiden können) / –
Sonderfertigkeiten: keine
Talente: Einschüchtern 8, Körperbeherrschung 3, Kraftakt 9, Selbstbeherrschung – (gelingt automatisch), Sinnesschärfe 6, Verbergen 7, Willenskraft – (gelingt automatisch)
Anzahl: 1, 1W6 + 1 (Gruppe) oder 2W6 + 4 (Meute)
Größenkategorie: mittel
Typus: Untoter (Hirnloser), humanoid
Erschaffungsschwierigkeit: +/–0
Erschaffungskomplexität: einfach
Beute: keine
Kampfverhalten: Sobald sie ein Opfer bemerken, bewegen sie sich direkt darauf zu und versuchen, es mit *Bissen* zu töten.

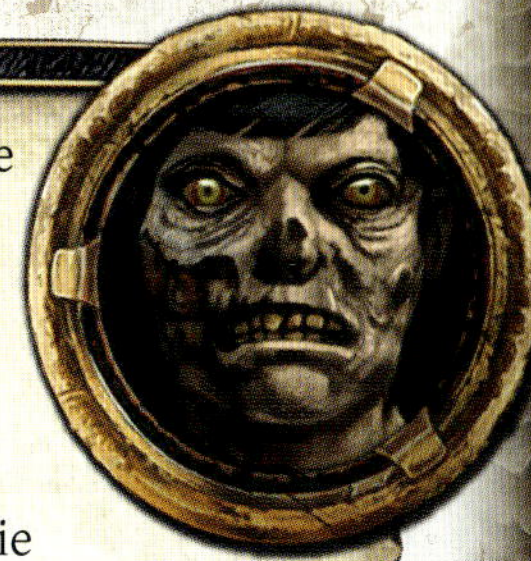

Flucht: Tschumbies fliehen nicht. Sie kämpfen ohne Rücksicht auf Verluste bis zum Ende.
Schmerz +1 bei: immun gegen *Schmerz*
Magiekunde (Magische Wesen):
- **QS 1:** Tschumbies sind langsam, man kann vor ihnen weglaufen. Sie kämpfen bis zum bitteren Ende.
- **QS 2:** Den Kopf vom Rumpf zu trennen, hat keinen Effekt.
- **QS 3+:** Tschumbies können nicht klettern und nicht schwimmen. Sonnenlicht schadet ihnen und zerstört sie innerhalb einiger Sekunden.

Sonderregeln:
*) *Krankheitsüberträger:* Tschumbies können Wundfieber übertragen. Für je volle 10 SP durch sie muss mit 1W20 gewürfelt werden: 1–10 (keine Krankheit), 11–20 (Wundfieber). Ist der Held infiziert, muss eine Krankheitsprobe abgelegt werden (siehe **Regelwerk** Seite **343**; zu Wundfieber siehe **Aventurischer Almanach** Seite **130**).
Extrem lichtempfindlich: Sind Tschumbies direktem Sonnenlicht ausgesetzt, erleiden sie 2 SP pro KR.
Meute: Tschumbies, die gemeinsam einen Gegner angreifen, erhalten pro Tschumbi in der Überzahl +1 AT (bis zu einem Maximum von +4 AT).
Untoten-Regeln: Für Tschumbis gelten die allgemeinen Untoten-Regeln (siehe Seite **54**).

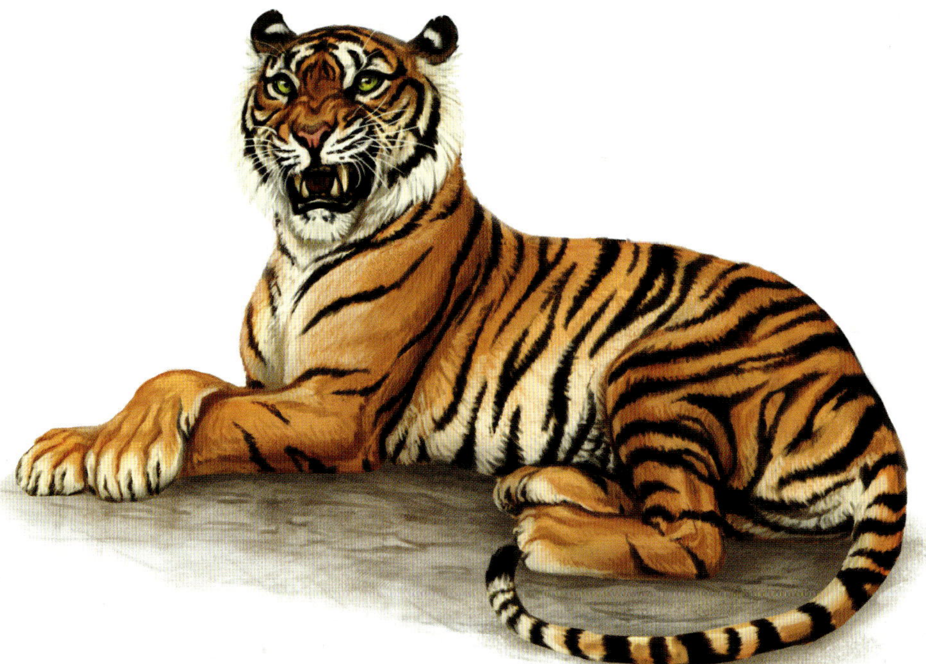

Würgeschlange
Größe: 6,00 bis 10,00 Schritt
Gewicht: 150 bis 250 Stein
MU 14 **KL** 10 (t) **IN** 14 **CH** 13
FF 8 **GE** 12 **KO** 15 **KK** 18
LeP 60 **AsP** – **KaP** – **INI** 13 + 1W6
VW 3 **SK** 1 **ZK** 2 **GS** 2
Biss: AT 10 **TP** 1W6+2 **RW** kurz
Würgen: AT 15 **TP** 1W6+2 **RW** kurz
RS/BE: 1/0
Aktionen: 1
Vorteile/Nachteile: keine
Sonderfertigkeiten: Angriff auf ungeschützte Stellen (Biss), Klammergriff (Würgen, auch gegen Ziele der Größenkategorie *mittel*), Verbeißen (Biss)
Talente: Einschüchtern 10, Klettern 12, Körperbeherrschung 10, Kraftakt 15, Selbstbeherrschung 7, Sinnesschärfe 8, Verbergen 16, Willenskraft 8
Anzahl: 1
Größenkategorie: mittel
Typus: Tier, nicht humanoid
Beute: 150 Rationen Fleisch, Haut (15 Silbertaler)
Kampfverhalten: Würgeschlangen verbergen sich auf Bäumen und lassen sich herunterfallen, sobald sie Beute bemerken und die Gelegenheit günstig ist. Sollte die Schlange am Boden unterwegs sein, bewegt sie sich so leise wie möglich auf ihr Opfer zu, um es zu überraschen. Sie versucht, ihre Opfer zu erwürgen, dabei *verbeißt* sie sich gelegentlich in sie.

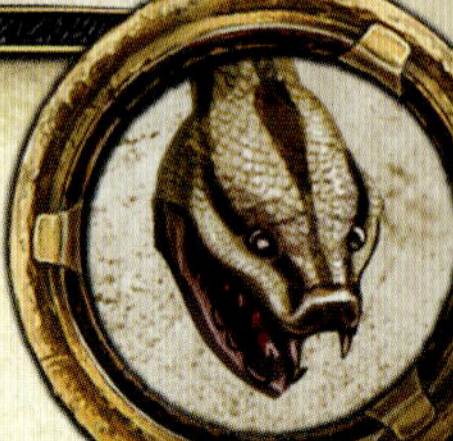

Flucht: Verlust von 50 % der LeP
Schmerz +1 bei: 45 LeP, 30 LeP, 15 LeP, 5 LeP oder weniger
Tierkunde (Wildtiere):
- **QS 1:** Zu den üblichen Beutetieren der Würgeschlange gehören Affen, Raubkatzen und kleinere Tiere. Doch auch menschengroße Wesen verschmäht sie nicht.
- **QS 2:** Würgeschlangen sind nicht giftig. Sie versuchen stattdessen, ihre Opfer zu zerquetschen, um sie anschließend komplett zu verschlingen.
- **QS 3+:** Einige Würgeschlangen sollen die Fähigkeit besitzen, ihre Opfer zu hypnotisieren und sie so am Weglaufen zu hindern. Sie sind jedoch an einer dunkleren Schuppenfarbe zu erkennen.

Jagd: –3
Sonderregeln:
Hypnose: Einige Exemplare können ihre Opfer hypnotisieren (etwa jede vierte Schlange; sie weisen eine dunklere Schuppenfarbe auf). Dazu ist eine Vergleichsprobe *Einschüchtern* der Schlange gegen *Willenskraft (Einschüchtern widerstehen)* notwendig. Für jede Netto-QS der Schlange erhält das Opfer 1 Stufe *Verwirrung*. Das Hypnotisieren dauert 1 Aktion und hat eine Reichweite von 7 Schritt. Es muss zu Beginn Blickkontakt zwischen Schlange und Opfer bestehen, damit die Hypnose eingesetzt werden kann.

Yaq-Hai
Größe: 1,80 Schritt
Gewicht: 65 Stein
MU 18 **KL** 15 **IN** 14 **CH** 13
FF 13 **GE** 14 **KO** 16 **KK** 16
LeP 52 **AsP** 16 **KaP** – **INI** 17 + 1W6
AW 10 **SK** 4 **ZK** 4 **GS** 10
Waffenlos: AT 16 **PA** 8 **TP** 1W6 + 4 **RW** kurz
Haumesser: AT 15 **PA** 7 **TP** 1W6 + 4 **RW** mittel
Peitsche*: AT 18 **PA** – **TP** 1W6 **RW** lang
RS/BE: 5/0
Aktionen: 1
Vorteile/Nachteile: Dunkelsicht II / Lichtempfindlich I
Sonderfertigkeiten: Aufmerksamkeit, Feindgespür, Finte I-II (Waffenlos, je nach Waffe), Verbessertes Ausweichen I, Verteidigungshaltung, Wuchtschlag I-II (Waffenlos, je nach Waffe)
Talente: Körperbeherrschung 10, Selbstbeherrschung – (gelingt automatisch), Sinnesschärfe 13, Verbergen 9, Willenskraft – (gelingt automatisch)
Zauber: Horriphobus 8
Anzahl: 1
Größenkategorie: mittel
Typus: Dämon (gehörnter, Thargunitoth), humanoid oder nicht humanoid
Beute: keine
Anrufungsschwierigkeit: –4

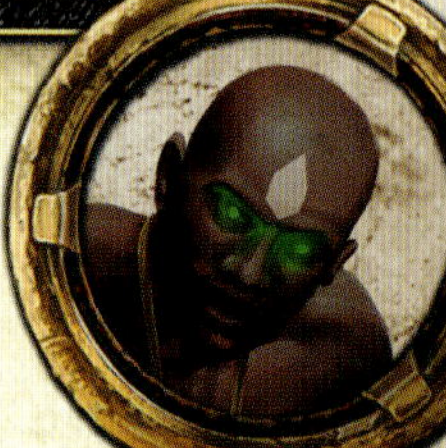

Kampfverhalten: Yaq-Hai jagt seine Opfer gern und tötet sie nicht sofort. Im Kampf setzt es gerne Finten und den HORRIPHOBUS ein.
Flucht: Yaq-Hai flieht nicht.
Schmerz +1 bei: immun gegen *Schmerz*
Sphärenkunde (Sphärenwesen):
- **QS 1:** Yaq-Hai ist ein gefährlicher Dämon, der viele Jahre lang nicht für einen solchen gehalten wurde, da man nicht wusste, wie man ihn beschwört. Er dient Thargunitoth.
- **QS 2:** Das Yaq-Hai kann in den Körper einer Leiche einfahren oder auch menschenähnliche Dinge wie Vogelscheuchen in Besitz nehmen.
- **QS 3+:** Yaq-Hai liebt es, sein Opfer zu jagen. Es wird dieses meistens erst zu Tode erschrecken, bevor es zu einem finalen Kampf kommt.

Sonderregeln:
Empfindlichkeit gegenüber gesegneten/geweihten Objekten/ Waffen: Ein Yaq-Hai ist besonders empfindlich gegenüber geweihten/gesegneten Objekten/Waffen Borons. Der gleiche Effekt tritt auch bei Marbo, Tairach und anderen Gottheiten mit den Aspekten Tod oder Schlaf ein.
Dämonen-Regeln: Für Yaq-Hai gelten die allgemeinen Dämonen-Regeln (siehe **Regelwerk** Seite **355**).
*) Näheres zur Kampftechnik *Peitschen* findest du auf Seite **47**.